AUTORI

Alberto Peruffo, nato a Seregno nel 1968, laureato all'Università degli Studi di Milano. Ha cooperato con la Sovrintendenza archeologica di Milano. Collabora con diverse riviste di storia, insegnante di storia. Ha pubblicato i seguenti saggi storici: "I corsari del Kaiser" "Marvia editrice", Lega Lombarda 1158 – 1162. La battaglia di Carcano, "Chillemi edizioni", Il trionfo della Lega Lombarda 1174-1176, "Chillemi edizioni", La supremazia di Roma, battaglie dei Cimbri e dei Teutoni, "Keltia editrice", Storia militare degli Ostrogoti, da Teodorico a Totila, "Chillemi edizioni". Le guerre dei Popoli del Mare, "Edizioni Arbor Sapientiae", I soldati della divisione testa di morto, La battaglia di Cortenuova, la battaglia di Cornate d'Adda, la battaglia di Capo Colonna e la battaglia di Desio per le collane Soldiershop.

Alberto Peruffo, was born in Seregno (MI) in 1968, is a history teacher. Graduated from the University of Milan. He cooperated with the Archaeological Superintendency of Milan. He collaborates with several history magazines. He has published the following historical essays: "The Corsairs of the Kaiser" "Marvia editrice", Lombard League 1158 - 1162. The battle of Carcano, "Chillemi edizioni", The triumph of the Lombard League 1174-1176, "Chillemi edizioni", Supremacy of Rome, battles of the Cimbri and the Teutons, "Keltia editrice", Military history of the Ostrogoths, from Teodorico to Totila, "Chillemi edizioni". The Wars of the Peoples of the Sea, "Editions Arbor Sapientiae", The soldiers of the dead head division, The battle of Cortenuova, the battle of Cornate d'Adda, the battle of Capo Colonna and the battle of Desio for Soldiershop series.

PUBLISHING'S NOTES

None of unpublished images or text of our book may be reproduced in any format without the expressed written permission of Luca Cristini Editore (already Soldiershop.com) when not indicate as marked with license creative commons 3.0 or 4.0. Luca Cristini Editore has made every reasonable effort to locate, contact and acknowledge rights holders and to correctly apply terms and conditions to Content.
Every effort has been made to trace the copyright of all the photographs. If there are unintentional omissions, please contact the publisher in writing at: info@soldiershop.com, who will correct all subsequent editions.
Our trademark: Luca Cristini Editore©, and the names of our series & brand: Soldiershop, Witness to war, Museum book, Bookmoon, Soldiers&Weapons, Battlefield, War in colour, Historical Biographies, Darwin's view, Fabula, Altrastoria, Italia Storica Ebook, Witness To History, Soldiers, Weapons & Uniforms, Storia etc. are herein © by Luca Cristini Editore.

LICENSES COMMONS

This book may utilize part of material marked with license creative commons 3.0 or 4.0 (CC BY 4.0), (CC BY-ND 4.0), (CC BY-SA 4.0) or (CC0 1.0). We give appropriate attribution credit and indicate if change were made in the acknowledgments field. Our WTW books series utilize only fonts licensed under the SIL Open Font License or other free use license.

For a complete list of Soldiershop titles please contact Luca Cristini Editore on our website: www.soldiershop.com or www.cristinieditore.com.
E-mail: info@soldiershop.com

Titolo: **LE WAFFEN SS GERMANICHE SUL FRONTE ITALIANO. LE DIVISIONI "REICHSFÜHRER" E "KARSTJÄGER"** Code.: **WTW-009 IT** Di Alberto Peruffo.
ISBN code: 978-88-93275514 prima edizione febbraio 2020
Lingua: Italiano Nr. di immagini: 98 dimensione: 177,8x254mm Cover & Art Design: Luca S. Cristini

WITNESS TO WAR (SOLDIERSHOP) is a trademark of Luca Cristini Editore, via Orio, 35/4 - 24050 Zanica (BG) ITALY.

WITNESS TO WAR

LE WAFFEN SS GERMANICHE SUL FRONTE ITALIANO. LE DIVISIONI "REICHSFÜHRER" E "KARSTJÄGER"

PHOTOS & IMAGES FROM WORLD WARTIME ARCHIVES

ALBERTO PERUFFO

BOOKS TO COLLECT

INDICE

Introduzione .... Pag. 5

La 16a SS Panzegrenadier Division "Reichsführer" .... Pag. 7

Le guardie del corpo di Himmler .... Pag. 7

La Sturmbrigade "Reichsführer" .... Pag. 9

Operazioni in Corsica .... Pag. 10

La formazione della divisione "Reichsführer" .... Pag. 21

Sulla testa di ponte di Anzio .... Pag. 22

Ritirata sulla linea Gotica .... Pag. 24

Azioni antiguerriglia e rappresaglie sull'Appennino .... Pag. 28

Operazioni sull'argine del Senio .... Pag. 29

L'ultima offensiva in Ungheria .... Pag. 33

Organigrammi .... Pag. 34

La 24a Waffen-Gebirgs-Division der SS "Karstjäger" .... Pag. 49

Origini .... Pag. 49

Operazioni antibande sul Carso .... Pag. 53

La formazione della 24° Waffen-Gebirgs-Division SS "Karstjäger" .... Pag. 63

Le ultime operazioni .... Pag. 76

Organigrammi .... Pag. 79

Conclusioni .... Pag. 79

Gerarchia e gradi delle SS .... Pag. 81

Bibliografia .... Pag. 98

INTRODUZIONE

La campagna d'Italia, durante la Seconda guerra mondiale, vide diverse formazioni combattenti dell'esercito tedesco, dalla Wehrmacht alla Luftwaffe, tra queste vi furono anche reparti delle Waffen SS o SS combattenti che affiancavano reparti della SS Polizei e dei servizi dell'intelligence germanica.

Nell'estate del 1943 le Waffen SS in Italia erano presenti solo con la Sturmbrigade "Reichsführer", dislocata a presidio della Corsica, quando, con l'armistizio dell'8 settembre 1943, venne reso operativo il piano Achse che prevedeva di disarmare i soldati italiani in Europa. In Italia i tedeschi misero in atto l'operazione Alarico attuando il totale disfacimento del Regio Esercito italiano. L'Italia venne divisa, dai tedeschi, in due settori: a nord Erwin Rommel con il Gruppo Armate B e a sud Albert Kesselring, con il resto delle forze tedesche. Hitler aveva ordinato di abbandonare il sud e centro Italia considerati indifendibili dopo l'eventuale defezione italiana e di confluire nell'armata di Rommel con le sue forze. Kesselring rifiutò quest'impostazione strategica, considerando, a ragione, che gli Alleati non avrebbero mai corso il rischio di sbarcare al di fuori della protezione della loro aviazione, come in effetti avvenne. Per questo contrasto Kesselring rassegnò le dimissioni il 14 agosto che Hitler, però, rifiutò. La successiva uscita dell'Italia dall'alleanza con la Germania dell'8 settembre 1943, e lo sbarco a Salerno degli Alleati diedero ragione all'impostazione strategica di Kesselring.

Nel settore settentrionale venne impiegata la 1° Panzer-Division SS Leibstandarte "Adolf Hitler" (LSSAH), presente in nord Italia dal primo agosto del 1943, rimanendo, solo, per il breve periodo del disarmo delle forze armate italiane in quell'area, venne, presto, ritirata dalla Penisola per altri importanti incarichi all'inizio del mese di novembre dello stesso anno.

La "Reichsführer" sarà l'unica unità delle Waffen SS a combattere in Italia fino a quando, all'inizio del 1944, sarà affiancata dalla 29° divisione SS "Italien", formata da soldati italiani coadiuvati da ufficiali tedeschi delle SS, a cui si aggiunse la 24° divisone SS "Karstjäger", una unità di montagna che si troverà coinvolta tra le montagne della Jugoslavia e dell'Italia orientale nella guerriglia contro i partigiani.

La 29° divisione SS verrà impiegata prevalentemente nella lotta alla guerriglia partigiana, ad eccezione di un battaglione coinvolto contro la testa di ponte di Anzio. Tra le SS saranno, soprattutto, i soldati della "Reichsführer" a distinguersi, nel bene e nel male, nella lunga campagna d'Italia. La "Karstjäger" avrà invece una grande importanza nella lotta di antiguerriglia contro le formazioni partigiane, divenendo, probabilmente, la formazione militare tedesca più esperta nella lotta partigiana. Proprio queste ultime due caratteristiche unità delle Waffen SS saranno oggetto della presente ricerca.

▲ Ritratto di un uomo della Reichsführer presa durante le permanenza della brigata d'assalto in Corsica. La divisa è chiaramente tropicale, così come l'elmetto coloniale.

LA 16° SS PANZERGRENADIER DIVISION "REICHSFÜHRER"

LE GUARDIE DEL CORPO DI HIMMLER

Tra le 38 divisioni delle Waffen SS formatesi nel corso della guerra, la divisione "Reichsführer", sarà la più grande unità SS a combattere sul fronte meridionale, in Italia, per gran parte della sua breve esistenza. Sarà proprio in Italia che, la divisione, divenne tristemente famigerata per l'esecuzione di spietate rappresaglie a danno di civili sugli Appennini. A ogni modo la divisione si distinse nelle operazioni militari contro gli Alleati combattendo, spesso, in situazioni di inferiorità nella ritirata lungo la Penisola, da Anzio alla linea Gotica, sino all'ultima battaglia al fianco delle più famose divisioni delle Waffen SS in Ungheria, confluendo nella la sesta armata corazzata delle SS.

La nascita della 16° Divisione SS-Panzergrenadier "Reichsführer-SS" risale al battaglione di scorta di Himmler, detto Kommandostab RFSS (Reichsführer SS), con funzioni di guardia del corpo personale del comandante delle SS. Il 15 maggio del 1941 la formazione della scorta venne trasformata in battaglione denominato Begleit Bataillon "Reichsführer SS" con sede presso la caserma di Oranienburg, località nei pressi di Berlino. Questa nuova unità era qualcosa di più di una semplice scorta adibita alla sicurezza del capo delle SS, avendo nel suo organico armi controcarro e autoblindo, emulava, sicuramente, la guardia del corpo di Hitler la cui Leibstandarte SS "Adolf Hitler" aveva raggiunto il rango di formazione combattente, già nel 1934, come unità d'élite della guardia, delle dimensioni reggimentali, raggiungendo la forza di divisione, nelle prime fasi della guerra, prima dell'invasione della Russia. Il reparto della guardia di Himmler sarebbe dovuto diventare il nucleo di una importante formazione militare alla stregua della Leibstandarte e della divisione della Luftwaffe "Hermann Göring", patrocinata dallo stesso capo dell'aviazione del Reich.

Il battaglione era ripartito su tre compagnie:

1° Kompanie (compagnia)
Plotone motociclisti
Plotone autoblindo
Plotone anticarro con pezzi Pak da 37 mm

2° Kompanie
Tre plotoni fucilieri motorizzati

3° Kompanie
Due plotoni antiaerei con cannoncini Flak da 20 mm
Un plotone antiaereo con pezzi da Flak da 37 mm

Alla guida del battaglione vi era lo SS Sturmbanführer (maggiore) Ernst Schützeck proveniente da una lunga militanza nelle Waffen SS della Leibstandarte e della Das Reich, il cui compito era di addestrare i soldati al suo comando. Ernst Schützeck, nato nel 1901, avrà successivamente il comando della SS Panzer Grenadier Schule a Prosetschnitz, la scuola di guerra delle SS nell'attuale Repubblica Ceca, alla fine del 1942, mantenendo incarichi addestrativi di varie unità delle SS in fase di formazione sino al 1944 quando divenne comandante dell'SS Panzergrenadier Regiment 38 della 17° SS Panzergrenadier-Division Götz von Berlichingen, alla cui guida troverà la morte in azione sul fronte occidentale nel novembre del 1944. La maggioranza delle reclute erano volontari molto giovani o volksdeutsche, cioè soldati di stirpe germanica provenienti da zone fuori dai confini originari del Reich tedesco, privi del vincolo nell'essere precettati dalla Wehrmacht.

L'addestramento ebbe presto termine quando, il battaglione, venne trasferito a settembre del 1942 al cinquantesimo Corpo d'armata tesesco, sul fronte Orientale nel settore di Leningrado, sotto le dirette dipendenze del 2° SS Infanterie Brigade motorizato, guidato dall'SS-Brigadeführer Gottfried Klingemann, già in servizio presso il Kommandostab Reichsführer SS fino a ottobre del 1941.

Il battaglione venne, subito, coinvolto in duri scontri tra il 3 e il 14 di ottobre a Kolpino, località ad est della città assediata di Leningrado, dove, l'Armata Rossa, stava cercando di sfondare le linee tedesche per liberare la città circondata dai tedeschi.

In quel periodo, al comando del battaglione, vi era lo SS-Sturmbanführer Herbert Garthe che aveva sostituito Schützeck il 20 di novembre.

Il battaglione partecipò alla difesa di Krasny-Bor, poco più a est di Kolpino, dove rimase tutto il mese di dicembre a combattere in un paesaggio gelido dominato da grandi foreste. La 3° compagnia venne, temporaneamente, distaccata per partecipare a una limitata offensiva volta a raccorciare la linea del fronte, in direzione della cittadina di Tikhvin, a più di 150 chilometri a est rispetto al resto del battaglione.

Il 7 gennaio, i russi, della seconda armata del generale Vlasov, lanciarono una importante offensiva lungo il fiume Volchow, ghiacciato, tra il lago Ladoga a nord e il lago Ilmen più a sud. L'intenzione dei sovietici era quella di raggiungere Leningrado e spezzare l'assedio nel momento in cui l'esercito tedesco, al completo, si trovava in gravi difficoltà su tutto il fronte Orientale, dopo essersi ritirato davanti a Mosca. Per impedire lo sfondamento delle linee tedesche in quel settore vennero rafforzate le difese e il battaglione della "Reichsführer" fu trasferito tra i villaggi di Mjasny-Bor e Spassakaya-polist lungo il Volchow, contribuendo ad arginare gli attacchi russi.

L'offensiva sovietica davanti a Mosca aveva messo in seria difficoltà i tedeschi costretti alla difensiva in condizioni climatiche spaventose per via del gelo artico che si era scatenato sulle loro armate. La volontà di Hitler di resistere a ogni costo permise, alla linea del fronte, di tenere malgrado vi fosse una importante perdita di terreno nel settore centrale, davanti a Mosca, contemporanea alla formazione di alcune sacche nell'area di Leningrado, la più importante fu quella di Demjansk, in una zona coperta di boschi nella regione a sud del lago Ilmen, dove la divisione SS Totenkopfdivision venne intrappolata insieme ad altre unità.

Più a nord il battaglione intitolato a Himmler si trovava a combattere contro il gelo intenso e i russi. Il servizio logistico delle SS permise comunque ai soldati di avere un equipaggiamento invernale maggiormente adeguato rispetto ai loro colleghi della Wehrmacht.

Per contrastare i pesanti carri russi T 34 i cannoni anticarro da 37 mm si dimostreranno largamente inadeguati. Per questo vennero portati a rinforzo i potenti cannoni antiaerei, ma anche anticarro, da 88 mm della SS Flak Abteilung Ost, della forza di un battaglione, con cui poterono respingere i continui tentativi offensivi sovietici in quell'area. Negli scontri il comandante di battaglione, Garthe, venne gravemente ferito il 3 febbraio 1942 e al suo posto prese il comando lo Sturmbannführer Karl Franz Grimme dopo che il reparto era stato guidato per un breve periodo dall'SS Obersturmführer (tenente) Spelter per mancanza di ufficiali superiori.

Nell primavera del 1942 i tedeschi riuscirono a spezzare l'assedio della sacca di Demjansk per passare al contrattacco, respingendo i russi al di là del fiume Volchow, verso est, il 7 maggio, circostanza in cui il battaglione delle SS fu protagonista, combattendo tra le paludi e le foreste nell'area del fiume Volchow. La successiva offensiva russa di agosto venne bloccata con i tedeschi che riuscirono a circondare l'intera seconda armata di Vlasov in una grande sacca d'anninamento che portò alla totale distruzione dei russi nell'ottobre di quell'anno. In quel periodo, però, il battaglione di Himmler era lontano dal fronte, essendo stato ritirato dalla prima linea per essere riorganizzato in Germania già il 20 giugno. I resti del battaglione ritornarono a essere impiegati come Kommandostab del Reichsführer mentre, in Russia rimasero solo alcuni soldati che vennero impiegati occasionalmente in operazioni di controguerriglia nelle retrovie tedesche in Ucraina, all'interno di altri reparti organizzati per le necessità incombenti nella lotta ai partigiani tra l'agosto e il novembre del 1942. In quel periodo gli uomini che entreranno a far parte della divisione SS Reichsführer, per poi partecipare alle rappresaglie in Italia contro i civili, faranno esperienza della lotta senza quartiere contro i partigiani russi, in una situazione dove ogni civile era considerato un nemico da eliminare senza pietà e nessuno dei contendenti faceva prigionieri né mostrava misericordia.

I soldati del battaglione SS vennero di nuovo raggruppati all'inizio di dicembre del 1942 ad Arys per poi essere trasferiti in Francia a fine febbraio dell'anno successivo dove, il battaglione, venne trasformato in Sturmbrigade.

LA STURMBRIGADE "REICHSFÜHRER"

La decisione di creare la Sturmbrigade fu presa al Truppenübungsplatz (campo di addestramento) di Debica, il 14 febbraio 1943, cominciando dal battaglione motorizzato. Si decise, poi, di inviare mezzi e soldati in Francia dove il nuovo reparto si sarebbe ammassato e addestrato.

All'arrivo in Francia, nel campo di addestramento di Rennes, nel febbraio del 1943, la Sturmbrigade o brigata d'assalto, aveva ancora l'organico di un battaglione di circa 800 soldati. Nel corso del tempo il numero di soldati venne implementato con nuove reclute e nuovi mezzi tra cui i potenti cannoni antiaerei da 88 mm della Flak che potevano essere anche usati in funzione anticarro e un battaglione di carri d'assalto Sturmgeschütz StuG III Ausf F con quattro uomini d'equipaggio. Schematicamente l'organico risultava essere il seguente:

Brigadestab (Comando di Brigata)
Grenadier-Bataillon (Battaglione granatieri)
Panzerjäger-Abteilung (Battaglione caccia carri)
Sturmgeschütz-Abteilung (Battaglione carri d'assalto)
Flak-Abteilung (Battaglione antiaereo)

La Sturmbrigade era comandato dall'SS Obersturmbannführer Karl Gesele ed era composta da un battaglione di granatieri su 6 compagnie, un battaglione Panzerjäger su 3 compagnie, un battaglione Sturmgeschütz di 3 batterie con caccia carri StuG III Ausf F, ogni batteria aveva 3 plotoni con 3 carri armati d'assalto, e infine, un battaglione Flak che disponeva di 4 batterie con pezzi da 88 e cannoncini Flak da 20 mm. In realtà, quest'ultimo reparto operò, già nel marzo del 1943, nell'area di Borisov-Minsk, impegnato nella lotta ai partigiani russi nell'operazione "Kottbus" insieme al famigerato Oskar Dirlewanger[1], prima di essere riunito al resto della brigata in Italia.

Nel luglio di detto anno, la Sturmbrigade, venne trasferita in Corsica dove avrebbe dovuto presidiare le coste in attesa di un eventuale sbarco Alleato.

La Corsica apparteneva alla corona italiana come terra irredenta, strappata alla Francia nel 1940. Nel giugno del 1943 i comandi dell'Asse vollero rinforzare la guarnigione delle due grandi isole del Tirreno. Dopo la perdita del Nord Africa non era affatto scontata quale direzione avrebbe preso la successiva offensiva alleata. Forse in Sicilia o nei Balcani, come ipotizzato da Churchill, ma non era neppure da escludere una invasione della Sardegna e Corsica che avrebbe permesso agli Alleati di minacciare direttamente le coste tirreniche dell'Italia e, soprattutto, le coste della Francia meridionale. L'impossibilità di sfruttare a pieno la copertura aerea deciderà gli Alleati di scartare un attacco alla Sardegna, preferendo la Sicilia e, successivamente, una meno audace avanzata lungo la dorsale appenninica, relegando l'isola sarda e la Corsica a fronti del tutto secondari. Tuttavia una fortunata opera di disinformazione messa in campo dai servizi segreti inglesi spinsero i tedeschi a ritenere la Sardegna e la Corsica uno degli obiettivi principali dell'offensiva Alleata.

Il teatro mediterraneo vide, per la prima volta, l'azione di unità SS nel teatro del mediterraneo. Questo è interessante, anche dal punto di vista dell'uniformologia, con le SS della "Reichsführer" che indossavano l'equipaggiamento e l'uniforme tropicale tedesca, cosa pressoché unica tra le Waffen SS.

Operazioni in Corsica

Fino a quando le intenzioni dei nemici non furono chiare le guarnigioni delle due isole del Tirreno vennero rafforzate con unità di prima scelta.

Nell'estate del 1943 erano stanziate, tra la Corsica e la Sardegna, cinque divisioni di fanteria italiane e la divisione paracadutisti Nembo, a ciò vanno aggiunte le divisioni costiere Italiane, composte da cinque divisioni e due brigate, reparti comunque male armati formati da riservisti. I tedeschi schieravano in Sardegna la 90° divisione meccanizzata, ed in Corsica la Sturmbrigade "Reichsführer".

Su questa isola i reparti italiani di presidio che affiancavano le SS erano: le divisioni di fanteria Cremona e Friuli, affiancate dalla 225° e 226° costiera che, con altri reparti minori, erano al comando del generale di Armata Giovanni Magli, per un totale di circa 80.000 uomini nella sola Corsica.

Tra Sardegna e Corsica i tedeschi schieravano circa 12.000 uomini al comando del Generalleutnant Fridolin von Senger und Etterlin ed in Corsica oltre alla Sturmbrigade vi era un reggimento di fanteria (3°/870) inserito nei ranghi della brigata SS.

---

[1] Comandante dell'omonima formazione delle SS che seminò il terrore nelle retrovie del fronte orientale, distinguendosi contro i patrioti polacchi nella rivolta di Varsavia.

▲ Al comando della torpediniera Aliseo il 9 settembre '43 Carlo Fecia di Cossato riuscì a bloccare i tentativi tedeschi di sbarcare rinforzi a Bastia, in quel momento in mani italiane. Carlo Fecia di Cossato fu un ufficiale integerrimo e fedele alla corona, fu segnato profondamente dagli avvenimenti dell' 8 settembre che lo spinsero a togliersi la vita. Si possono notare le numerose decorazioni tedesche di cui era stato insignito.

Durante il periodo precedente l'8 settembre il compito delle SS era quello di presidiare la costa della Corsica, lasciando l'interno in mano alla resistenza francese, i "Maqui" che si nascondevano sulle impervie montagne dell'isola aspettando l'occasione propizia per entrare in azione.

La sera dell'8 settembre del 1943, i tedeschi, si trovavano così in netta inferiorità in quello scacchiere. Ciò nondimeno von Senger und Etterlin era fiducioso di poter disarmare i reparti italiani e mantenere il possesso delle due isole, questo in considerazione di poter ricevere rinforzi dal continente attraverso il porto di Bastia nel nord della Corsica.

La notte stessa infatti i tedeschi occuparono lo strategico porto corso, disarmando con la forza il presidio italiano, preso totalmente alla sprovvista dagli avvenimenti.

Tra l'altro la notizia dell'armistizio aveva raggiunto il generale Magli mentre era a cena con von Senger und Etterlin che assicurò di non volere molestare le truppe dell'ex alleato italiano. Ma Bastia era troppo importante per i tedeschi per non impossessarsene subito.

Il giorno 9, in Corsica, vi furono sporadici scontri tra soldati italiani e tedeschi, scaturiti più dalla tensione che da una precisa decisione militare. Fu però a Bastia che, all'alba di quel giorno, gli italiani della divisione Friuli attaccarono il contingente tedesco del reggimento di fanteria asserragliato nella città. La battaglia, per le strade, fu breve ma intensa e alle 8 del mattino la cittadina corsa era di nuovo in mano agli italiani, con i tedeschi che lamentarono forti perdite, alcune fonti parlano di circa 500 caduti.

Lo scontro decisivo per le sorti della Corsica si ebbe, quello stesso giorno, nello specchio di mare antistante il porto di Bastia, quando i tedeschi cercarono di far affluire i rinforzi dal continente. Qui la sola torpediniera Aliseo al comando di Carlo Fecia di Cossato (valoroso comandante di sottomarini e medaglia d'oro al valore, nonché decorato con la Ritterkreuz) riuscì ad affondare ben sette unità navali tedesche, con armamento superiore al suo, in un'unica battaglia, mettendo definitivamente fine alla speranza di von Senger und Etterlin di mantenere tedesca la Corsica.

Nei giorni immediatamente successivi i due schieramenti mantennero le loro posizioni con gli italiani insediati a Bastia.

Magli informato dell'afflusso, attraverso le Bocche di Bonifacio, della 90° divisione meccanizzata tedesca, tra cui un migliaio di paracadutisti della Nembo, rimasti fedeli all'alleanza con i tedeschi, decise di passare all'offensiva. Gli italiani che erano padroni della costa occidentale, tra cui Ajaccio, occuparono le importanti vie di comunicazione sulla costa orientale dell'isola. Magli pose numerosi posti blocco lungo la strada litoranea che conduceva a Bastia, aiutato in questa azione dai partigiani corsi, ottimi conoscitori del terreno.

La Sturmbrigade a partire dall'8 settembre si trovava a sud della Corsica per creare una testa di ponte per facilitare lo sbarco delle truppe tedesche provenienti dalla Sardegna, cosa che cominciò già il giorno successivo.

Con l'afflusso della 90° divisione panzergrenadier i tedeschi avanzarono verso il nord della Corsica lungo la costa orientale, con le SS della Sturmbrigade che faceva da battistrada, distruggendo i vari posti di blocco e sventando le imboscate lungo la tortuosa strada.

Al tramonto del giorno 13 i Panzergrenadier della "Reichsführer" appoggiati dagli StuG del battaglione d'assalto attaccarono Bastia dando inizio alla battaglia decisiva della campagna.

I fanti della Friuli si difesero accanitamente, ma, malgrado la loro superiorità numerica, non poterono compensare i mezzi corazzati della Sturmbrigade.

In quei giorni nacque il mito della presenza dei carri armati Tigre tra i mezzi corazzati delle SS. Tanta era la fama di quell'arma che ogni carro armato o mezzo d'assalto diveniva, per i soldati italiani, immediatamente un carro Tigre. Tale fu l'insistenza di questi racconti nella memorialistica che anche una certa storiografia dà per scontata la presenza dei panzer Tigre, a cui attribuisce il successo dell'offensiva tedesca su Bastia.

In realtà tra le file della "Reichsführer" non vi erano neppure carri armati nel senso stretto, ma solo mezzi d'assalto StuG III Ausf F in cui, il limitato brandeggio del cannone, in torretta fissa, era uno svantaggio in terreni montagnosi e collinari come quelli della Corsica.

Lo scontro principale avvenne a Casamozza, una paesino a sud di Bastia, dove le SS riuscirono ad aprirsi una breccia e già la mattina del 14 occuparono Bastia e il suo importante porto. Nello scontro gli italiani avevano avuto molti caduti e ben 2.000 prigionieri, molti altri avevano trovato rifugio tra le impervie montagne della regione, dove vagheranno per diversi giorni in preda alla fame.

Il 14 cominciarono a sbarcare ad Ajaccio truppe alleate. Si trattava in particolare di soldati francesi al comando del generale Martin con cui Magli si mise in cooperazione. La coordinazione e il numero di truppe francesi in Corsica non fu comunque sufficiente a bloccare le truppe tedesche e impedirgli il reimbarco a Basita.

Gli scontri proseguirono ancora fino ai primi di ottobre con i soldati della "Reichsführer" impegnati a presidiare la strada sulla costa orientale della Corsica e, soprattutto, nel difendere il porto di Bastia, da cui le truppe tedesche lasciarono ormai in massa l'isola, senza che la marina alleata, strenuamente impegnata a Salerno, potesse far niente per bloccare il traffico marittimo.

L'ultimo combattimento si ebbe così attorno a Bastia il 4 ottobre, quando le truppe francesi poterono entrare nella città completamente distrutta dai bombardamenti alleati quando ormai era già stata abbandonata dai soldati tedeschi, messisi in salvo a Livorno la sera prima. Le perdite nel corso della campagna furono di 700 soldati tedeschi e 350 prigionieri. Gli italiani ebbero 800 caduti, per la maggior parte della divisione Friuli, mentre i francesi ebbero 75 morti 12 dispersi e 239 feriti.

La fine della campagna in Corsica vide tutti i partecipanti considerarsi in qualche modo vincitori: gli italiani rimasti padroni del terreno ebbero lì la loro unica vittoria sui tedeschi che riuscirono a scacciare dalle isole di Sardegna e Corsica. I francesi conquistarono la Corsica, prima provincia francese ad essere liberata, mentre gli Alleati conquistarono le due strategiche isole del Tirreno senza dover distogliere truppe pesantemente impegnate a Salerno e nell'Italia meridionale.

I tedeschi dal canto loro poterono ritenersi soddisfatti di aver messo in salvo le loro truppe da una situazione molto critica che li vedeva in netta inferiorità numerica e isolati sul mare dalla potente marina nemica che poteva contare anche una netta supremazia aerea.

La relazione dell'esercito tedesco poté annunciare tre giorni dopo aver lasciato la Corsica: "Nella lotta sull'isola della Corsica si è distinto particolarmente la SS-Sturmbrigade".

La brigata venne ritirata in Italia con il battaglione antiaereo dislocato in Liguria a difesa dei porti e del litorale dagli attacchi aerei avversari, diversamente di altri reparti che vennero trasferiti in Slovenia nella zona della capitale Lubiana. Questo non prima di aver fatto sfilare una decina di carri d'assalto e di reparti motorizzati della Sturmbrigade per le vie di Roma in ottobre, unici reparti della SS a marciare lungo le strade romane in modo da impressionare la popolazione locale con uno sfoggio di potenza teutonica.

▲ Cannoni d'assalto StuG III Ausf F del battaglione Sturmgeschütz della Reichsführer in ritirata verso nord lungo le strade della Corsica (Bundesarchiv Corsica 43)

▲ Carro StuG III Ausf F della Reichsführer, si possono notare le caratteristiche SS, simbolo della brigata e poi della divisione. (Bundesarchiv Corsica 43)

▼ Carri StuG III Ausf F della Reichsführer in movimento lungo le strade della Corsica. Il telo sulla bocca del cannone potrebbe indicare che la foto è stata presa prima dell'8 settembre. (Bundesarchiv Corsica 43)

▲ Ancora una foto del battaglione caccia carri della Reichsführer, sono ben evidenti le uniformi tropicali indossate dagli uomini delle SS. (Bundesarchiv Corsica 43)

▼ StuG III Ausf F della Reichsführer distrutto e abbandonato durante i combattimenti per Bastia. Si noti il simbolo delle due rune dipinto in bella mostra sullo scudo del cannone. (Bundesarchiv Corsica 43)

▲ Un soldato di guardia delle SS in Corsica con la tipica uniforme tropicale

▲ Un'altra foto del battaglione Panzerjäger della Reichsführer in marcia lungo le tortuose strade della Corsica. (Bundesarchiv Corsica 43)

▲ Le strade della Corsica erano l'ideale per compiere imboscate, mentre i caccia carri tedeschi Sturmgeschütz con il loro cannone in casamatta fisso non era certo l'ideale per i combattimenti su quel tipo di terreno accidentato. (Bundesarchiv Corsica 43)

▲ Artiglieri della contraerea del battaglione Flak in azione con il loro pezzo da 88 mm, in un luogo imprecisato (forse la Liguria), durante il caldo settembre del 1943

▼ La stessa batteria da 88 in azione. Si notino gli elmetti con i classici teli mimetici delle SS.

▲ Foto di gruppo di soldati della Reichsführer, presso un loro campo, con le uniformi tropicali.

LA FORMAZIONE DELLA DIVISIONE "REICHSFÜHRER"

Nell'ottobre del 1943 venne deciso di espandere la brigata a divisione di granatieri corazzati con l'apporto di nuovi volontari volksdeutsche. Alla divisione venne dato il numero 16, divenendo la 16° SS Panzergrenadierdivision "Reichsführer-SS" (RFSS). Tra il 23 settembre e il 3 ottobre la nuova divisione in formazione fu dislocata a Livorno dove confluirono circa 7500 reclute.

Intorno al 20 ottobre, la brigata, che sarebbe presto divenuta divisione, venne dislocata a difesa della costa tra Civitavecchia e Cerveteri.

Il 16 ottobre 1943, l'SS-Gruppenführer Max Simon, proveniente dalla divisione SS-Totenkopf (SSTK), fu assegnato al comando della nuova unità in corso di formazione, sostituendo Gesele che sarà, poi, capo di Stato maggiore della divisione dal dicembre 1944 a gennaio dell'anno successivo. Max Simon fu il primo comandante della 16° divisione SS che guidò per un anno intero, durante tutta la campagna italiana.

Nell'organico erano previsti due reggimenti di panzergrenadier, numerati dal 33 al 34, poco dopo rinumerati 35 e 36, seguendo la progressione numerica degli altri reggimenti delle SS esistenti.

Nel novembre del 1943 i reparti della divisione cominciarono a prendere forma, sebbene sotto organico a causa della difficoltà di reperire uomini e mezzi, venendo concentrata in Italia nell'area di Livorno. A dicembre la divisione era sottoposta al LI Gebirgs-Korps della quattordicesima Armee dell'Italia settentrionale come unità di riserva e aveva raggiunto la forza di 12.720 uomini, sebbene continuasse a soffrire di una scarsità di ufficiali e sottufficiali, così come una carenza negli equipaggiamenti.

Diversi soldati, provenienti da altre unità delle SS, in particolare dalla Totenkopf, vennero trasferiti alla "Reichsführer", insieme a giovani reclute del reggimento d'addestramento SS-Panzergrenadier-Lehregiment. Malgrado ciò, nella tarda primavera del 1944, ben 4500 reclute appartenenti alla 16° SS Panzergrenadierdivision "Reichsführer" furono dirottate alla divisione SSTK, impegnata sul fronte orientale. Tra la SS-Totenkopf e la "Reichsführer" i legami furono sempre molto stretti con molti ufficiali e soldati che venivano trasferiti da un'unità all'altra. Questo stretto rapporto si evidenzia anche dal fatto che tutti i comandanti della 16° divisione delle SS provenivano dalla Totenkopf.

L'organigramma della divisione era così strutturato:

Kommandeur SS-Divisions-Nachschubtruppen 16 (battaglione comando divisionale e rifornimenti)
SS-Panzergrenadier-Regiment 35 (35° reggimento granatieri corazzati SS)
SS-Panzergrenadier-Regiment 36 (36° reggimento granatieri corazzati SS)
SS-Panzer-Aufklärungs-Abteilung 16 (16° battaglione ricognizione SS)
SS-Panzer-Abteilung 16 (16° battaglione corazzato SS)
SS-Sturmgeschütz Abteilung 16 (16° battaglione caccia carri SS)
SS-Pionier-Abteilung 16 (16° battaglione del genio SS)
SS-Artillerie-Regiment 16 (16° reggimento artiglieria SS)
SS-Flak-Abteilung 16 (16° Battaglione antiaereo Flak SS)
SS-Sanitäts-Abteilung 16 (16° battaglione di sanità delle SS)
SS-Feldgendarmerie-Kompanie (Compagnia di polizia militare SS)

A questi si aggiungevano:

SS-Wirtschafts-Bataillon 16 (16° battaglione d'intendenza delle SS)
SS-Feldersatz-Bataillon 16 (16° battaglione addestramento e riserva delle SS)
SS-Nachrichten-Abteilung 16 (16° battaglione trasmissioni e segnalazioni delle SS)

All'inizio del 1944 la divisione era ancora in fase di organizzazione e completamento dei ranghi quando avvenne lo sbarco degli Alleati ad Anzio, poco più a sud di Roma. Per fronteggiare questa emergenza vennero creati due Kampfgruppe (unità di combattimento) con le unità in efficienza della divisione e inviate a contrastare il nemico sulla testa di ponte.

Sulla testa di ponte di Anzio

Il Kampfgruppe denominato "Dieterich" dal nome del suo comandante l'SS-Oberführer (colonnello brigadiere) Karl Dieterich, l'ufficiale più alto in grado delle SS in quel teatro operativo, era composto dal 2° battaglione granatieri del 35° reggimento, veterano della Sturmbrigade. Il Kampfgruppe "Knoechlein" era guidato dall'SS-Obersturmbannführer (tenente colonnello) Fritz Knoechlein, veterano della Totenkopf che, al termine del conflitto, verrà impiccato dagli inglesi per l'uccisione di 80 soldati britannici a Le Paradis, avvenuta durante la campagna di Francia nel maggio del 1940. In questo caso era il 2° battaglione del 36° reggimento formato, in gran parte, da reclute a costituire il reparto. In un secondo momento, il comando di quest'ultimo Kampfgruppe passerà all'SS-Hauptsturmführer (capitano) Vetter, che cambierà la denominazione dell'unità stessa.

A questi si aggiungevano il 16° Battaglione antiaereo Flak SS al completo, con elementi del reparto esplorante dell'SS-Panzer-Aufklärungs-Abteilung 16 che si trovò coinvolto nei combattimenti a sud est di Cisterna a febbraio, Assieme ai reparti della "Reichsführer" vennero assegnati a rinforzo un battaglione Barbarigo della X MAS e un battaglione della 29° divisione SS "Italia" guidato dall'SS-Obersturmbannführer Carlo Federigo degli Oddi.

I reparti tedeschi partirono da Lubiana in fretta e furia con le SS del Kampfgruppe "Knoechlein" che, privi di automezzi, dovettero fare affidamento su corriere guidate da civili, giungendo scaglionati nel Lazio meridionale dopo un faticoso viaggio, travagliato dagli attacchi aerei e dal maltempo.

Lo schieramento di questa forza sulla testa di ponte ebbe luogo a partire dal 25 gennaio e si protrasse fino ad aprile in posizione difensiva lungo le località di Sessano e di Isola Bella, in linea lungo il canale Mussolini e la strada tra Cisterna e Sessano, sul lato meridionale della testa di ponte Alleata, a circa 13 chilometri dal mare. Le località interessate dagli scontri portavano nomi che rimandavano alla Prima guerra mondiale, come: Borgo Carso, Borgo Flora, Borgo Podgora e Borgo Sabotino, e, proprio come nella guerra passata, le fanterie coinvolte in quell'area, affrontavano una guerra di posizione all'interno di trincee umide e fangose.

I reparti della divisione "Reichsführer" avevano la loro base nelle retrovie a Terracina e assegnati alla 715° divisione di fanteria tedesca (Infanterie-Division), guidata dal general maggiore Hildebrandt, posto alle dipendenze del comando della quattordicesima armata germanica. Il Kampfgruppe "Knoechlein" si posizionò a sud del canale Mussolini con i marò del battaglione Barbarigo, mentre, gli uomini del 35° reggimento SS, trovarono collocazione lungo la linea del fronte a nord del canale stesso. Il battaglione delle SS italiane giungerà solo a metà marzo e venne distribuito tra i due Kampfgruppe, rilevando gli uomini del Barbarigo.

Il settore era relativamente tranquillo, al riparo dalle direttrici offensive nemiche e di quelle tedesche di febbraio, venendo ritenuto ideale per familiarizzare alle durezze del fronte di reparti inesperti e mai provati, prima, in battaglia. Per questo, alle dipendenze della 715° divisione di fanteria, si susseguirono diverse e eterogenee unità, della Luftwaffe e italiane, persino alcune compagnie del ROA (esercito di liberazione russo, composto da ex prigionieri dell'Armata Rossa), di cui non si era certi della loro tenuta morale in combattimento.

In quel periodo gli scontri si limitavano ad azioni di pattuglie notturne che esploravano la terra di nessuno, tentando di penetrare le linee avversarie per prendere dei prigionieri o per stendere e eliminare i numerosi campi minati disseminati su un terreno piatto e uniforme. Durante il giorno i soldati stavano rintanati nelle loro fangose buche poco profonde a causa dell'acqua di falda sub affiorante che impediva di scavare ripari più profondi di mezzo metro, con posizioni mimetizzate scaglionate in profondità, sparpagliate lungo il territorio difensivo. La guerra era quella tipica di posizione dove, durante il giorno, i contendenti si limitavano a scambi di artiglierie e tiri di mortai che danneggiavano le difese; solo di notte avvenivano le azioni di piccole pattuglie e il lavoro di ricostituzione delle trincee danneggiate durante il giorno. A contrastare il terreno ai tedeschi vi erano forze miste americane e canadesi con reparti d'élite, tra cui il 504° reggimento paracadutisti della 82° divisione e il 4° battaglione di ranger americani, successivamente sostituiti dalla 34° divisione di fanteria statunitense (Infantry Division).

A peggiorare le cose per i tedeschi vi era il totale dominio dei cieli che gli aerei alleati avevano ormai raggiunto, a questo si aggiungevano i tiri dei grossi calibri delle navi nemiche che incrociavano davanti ad Anzio. Della potenza del tiro di artiglieria navale se ne ebbe una prova quando il plotone genieri del "Dieterich" realizzò, nel corso di una notte, delle riproduzioni di mezzi corazzati in tela e legno, detti Panzerattrappen, all'interno di un boschetto poco dietro la linea del fronte tedesco. Già all'alba, gli osservatori alleati, poterono comunicare la posizione di quello che essi ritenevano un assembramento nemico, dirigendo il tiro dei grossi calibri delle corazzate e degli incrociatori sulla zona del boschetto che venne ridotto in cenere. Nelle azioni di pattuglia notturne si distinsero i reparti delle SS italiane tra cui il Plotone Arditi, comandato dal futuro grande orientalista, l'SS-Untersturmführer (sottotenente) Pio Filippani-Ronconi, che rimase gravemente ferito per l'esplosione di una mina durante una azione notturna il 14 aprile.

Ai primi di marzo anche il battaglione antiaereo confluì ad Anzio, aggiungendosi ai tre battaglioni SS che combattevano in quell'area.

Nel frattempo il resto della divisione "Reichsführer" venne trasferito, già a febbraio, in Ungheria orientale, nell'area di Debrecen, dove partecipò all'Operazione Margarethe, scattata ad aprile del 1944, che portò all'occupazione militare tedesca del paese magiaro favorendo la presa del potere da parte dell'ammiraglio Horty. In quell'occasione i reparti della divisione, con gli organici ancora largamente incompleti, vennero riuniti come Kampfgruppe denominato "Simon", dal nome del suo comandante, venendo aggiunti elementi della 5° SS-Panzer-Division "Wiking" e del riformato Begleit Bataillon "Reichsführer SS".

Nella notte tra il 16 e il 17 aprile tutti i reparti della 16° SS Panzergrenadierdivision presenti ad Anzio vennero silenziosamente ritirati dalla linea di combattimento per poter riunire la divisione al completo nella zona di Grosseto che lì andava a radunarsi. Sulla testa di ponte rimase il battaglione delle 29° divisione SS mentre, i Kampfgruppe della "Reichsführer", vennero sostituiti quella stessa notte dal 1028° Infanterie-Regiment appartenente alla 715° divisione e alle cui dipendenze andranno le SS italiane.

Ritirata sulla linea Gotica

A metà maggio, la 16° divisone SS venne riunita in Toscana tra Lucca, Pisa e Grosseto, con il compito di presidiare le coste davanti all'isola d'Elba e di controllare la strada dell'Aurelia che portava a Roma, città ormai prossima ad essere conquistata dagli americani. La divisione si trovava alle dipendenze del settantacinquesimo Corpo d'armata, guidato dal generale di fanteria (General der Infanterie) Anton Dostler, che controllava l'area tra Toscana e Lazio, posta sull'ala destra della quattordicesima armata che aveva il controllo del settore occidentale del fronte italiano. Successivamente, durante la ritirata verso la Gotica, la "Reichsführer" farà parte del quattordicesimo Corpo corazzato, guidato dal generale von Senger und Etterlin. Questo Corpo corazzato, oltre alla 16° divisione delle SS, aveva tra i suoi ranghi la 26° divisione corazzata, unico reparto di questo tipo a rimanere impiegato in Italia fino alla fine delle ostilità, e la 65° divisione di fanteria, con, in riserva, la 20° divisione da campo della Luftwaffe. Per la prima volta riunita e a organici completi, la divisione di granatieri delle SS, con una forza di 16.976 uomini, avrebbe dovuto affrontare l'avanzata degli Alleati verso nord cercando di ritardare il più possibile i loro movimenti per dar tempo all'esercito tedesco di rafforzarsi sulla linea Gotica sull'Appennino settentrionale. Questo doveva avvenire con una divisione ancora con pochi mezzi e con larga parte del personale ancora in addestramento.

Il 3 giugno la divisione venne consolidata dalla SS-Panzergrenadier-Lehr-Brigade. Nello stesso tempo avvenivano i primi scontri contro gli Alleati in avanzata nel settore grossetano, che coinvolsero il 16° battaglione del genio SS (SS-Pionier-Abteilung, guidato dall'SS-Sturmbannführer Erwin Lange) e il 16° battaglione ricognizione SS (SS-Panzer-Aufklärungs-Abteilung, guidato dall'SS-Sturmbannführer Walter Reder[2] a partire dal dicembre del 1943).

Il 27 giugno il posto di comando della 16° divisione venne superato dall'avanzata della 34° divisione americana (Red Bulls), appartenente alla quinta armata, presso il borgo di San Vincenzo, poco a nord di Populonia, costringendo, i tedeschi a nascondersi dietro le linee nemiche per, poi, ritornare nelle proprie linee con pericolose marce notturne.

La ritirata proseguì fino a Cecina, lungo la costa, dove la divisione si riunì su una nuova linea difensiva alla fine di giugno, realizzata allo scopo di rallentare di qualche giorno l'avanzata avversaria lungo il fiume Cecina. In quest'occasione, a dare manforte alle SS, giunsero i carri armati Tigre della 3° compagnia del 504° battaglione corazzato dell'esercito (s.Pz.Abt.504), anch'essi in ritirata da Anzio, che contribuirono a bloccare i nemici per qualche giorno.

Dal lato settentrionale del Cecina, i tedeschi, affrontarono l'offensiva della 34° divisione americana il 30 giugno, appoggiata da un violento tiro di preparazione dell'artiglieria e da mezzi corazzati.

Scontri particolarmente duri si ebbero tra il 2° battaglione del 135° reggimento di fanteria statunitense e la compagnia comando divisionale, SS-Division Begleit Kompanie, guidata dell'SS-Hauptsturmführer (capitano) Max Paustian, sulla Quota 35, a sud del Cecina, che permetteva di controllare l'omonimo abitato. Qui le SS, sebbene in minoranza numerica, riuscirono a respingere la maggioranza degli attacchi nemici, nonostante che gli assalitori riuscissero a realizzare una testa di ponte a nord del Cecina, già il 29 giugno, nella zona vicino alla costa.

All'alba del giorno successivo, gli americani, lanciarono un nuova offensiva in forze, cercando di prendere la posizione su un fianco, in modo da evitare un attacco diretto alla Quota 35, in questo modo venne coinvolto il secondo battaglione del 35° reggimento delle SS, al comando dello SS-Sturmbannführer (maggiore) Cantow che difendeva il lato sinistro della Quota 35. Lo scontro si svolse nelle prime ore della mattina, infine, i difensori, furono costretti ad arretrare verso il fiume, ricreando una linea difensiva con il resto della divisione e i reparti della 19° divisione da campo della Luftwaffe che si trovavano sul fianco sinistro delle SS.

Anche poco più lontano il primo battaglione del 35° reggimento era stato costretto a ritirarsi dalla Quota 82 il giorno 30, per poi tentare di riconquistare le postazioni perse con un contrattacco nella mattinata seguente, riuscendo a rioccupare la Quota 82. Diversamente, gli assalti tedeschi sulla testa di ponte a nord del fiume Cecina, non riuscirono a respingere il nemico

---

[2] Walter Reder (1915 – 1991) proveniva dalla 3° divisione SS Totenkopf dove, sul fronte orientale, al comando del 1° battaglione del 1° SS-Panzergrenadier regiment, il 3 aprile 1943, ottenne l'ambita decorazione della Croce di Cavaliere a seguito della vittoriosa battaglia offensiva di Jeremejewka del 14 febbraio 1943 nelle operazioni per la riconquista della città ucraina di Kharkov da parte del 1° SS Panzer korps costituito da tre divisioni delle SS. Reder il 9 marzo verrà gravemente ferito nei sobborghi di Kharkov, perdendo l'avambraccio sinistro.

oltre il fiume che, da quel punto, aveva la possibilità di lanciare incursioni, in profondità, lungo la costa, verso nord, rischiando di isolare i reparti tedeschi che combattevano presso l'abitato di Cecina. Il 2 luglio, gli americani, entrano in una Cecina devastata dai combattimenti, costringendo il 3° battaglione del 35° reggimento, dell'SS-Obersturmführer (tenente) Fritz Horn che difendeva la zona costiera, a ritirarsi dopo aver combattuto valorosamente fra le case del paese. Tutti i passaggi sul fiume vennero distrutti dai tedeschi che si ritiravano verso nord, lungo una piatta pianura di radi boschi e cespugli che degradava verso il mare ambiente che rendeva difficile organizzare una difesa data l'assenza di appigli orografici, questo sempre incalzati dai nemici che avanzavano rapidamente.

A Cecina le SS avevano combattuto in modo ardimentoso, tenendo conto dell'addestramento eterogeneo e di una disciplina non sempre impeccabile, subendo importanti perdite che, però, non intaccarono il morale della divisione.

La nuova linea difensiva della divisione venne stabilita a Rosignano con difficoltà per carenza di truppe fresche di rincalzo e penuria di rifornimenti che, spesso, venivano a mancare per gli attacchi dei partigiani lungo le vie di comunicazione. La penuria di carburante costrinse i tedeschi ad abbandonare diversi mezzi da trasporto lungo la strada della ritirata.

L'area di Rosignano dovette subire vaste distruzioni da parte dei tedeschi che fecero terra bruciata, in particolare venne distrutta l'area portuale della Rosignano-Solvay, mentre le SS si fortificavano, mimetizzandone le posizioni, lungo le grotte costiere e lungo i pendii delle colline a nord dell'abitato che, finalmente, creavano una zona collinare facile da difendere.

Il 3 luglio i soldati americani, della 34° divisione, attaccarono la stessa Rosignano, appoggiati da mezzi corazzati, riuscendo a penetrare nella cittadina con le SS impegnate a difendersi nell'abitato per tutta la giornata, lanciando contrattacchi locali che furono respinti. Durante quella notte i tedeschi venero assaliti dagli statunitensi, con i partigiani che ne sostenevano l'azione. Anche sulle colline a ovest di Rosignano, poco a sud dell'abitato di Castellina Marittima, i tedeschi delle SS, dovettero resistere all'offensiva americana alle Quote 317 e 389, riuscendo, in questo caso, a respingere gli aggressori.

Dopo una breve pausa negli scontri, il 6 luglio, gli americani, ripresero ad attaccare Rosignano lungo la costa, dopo un pesante tiro di preparazione dell'artiglieria, cogliendo sul fianco i tedeschi che si trovano aggirati dal nemico a occidente. Privi di rifornimenti, soprattutto in munizioni, i difensori dovettero cedere terreno e ritirarsi verso nord per evitare di venire accerchiati. Sul lato orientale, a ovest di Castellina, il 2° battaglione del 36° reggimento SS, con l'ausilio di alcuni carri armati s'assalto Sturmgeschütz, riuscì a bloccare l'avanzata nemica con un contrattacco che costrinse gli americani alla ritirata in quel settore, evitando ai tedeschi di finire circondati su quel lato.

I tedeschi decisero di ripiegare, il ché avvenne senza troppi incidenti malgrado il completo dominio dei cieli degli Alleati che a metà luglio occuparono Livorno.

La nuova linea difensiva si attestò verso Pisa, dove il fiume Arno, avrebbe garantito un ottimo ostacolo all'avanzata della quinta armata nemica che risaliva le coste tirreniche. Il fulcro dell'azione degli americani in quell'area fu Firenze, dove i comandanti alleati fecero a gara per arrivare primi per una questione di mero prestigio, così come era accaduto con la conquista di Roma e, allo stesso modo, si scartarono direttrici d'avanzata più proficue che avrebbero maggiormente messo in difficoltà i tedeschi. Proprio per questo la "Reichsführer" si pose a difese a nord dell'Arno e di Pisa in modo incontrastato a metà luglio, così, le SS, rimasero tranquille nelle loro nuove posizioni che dovevano solo servire a rallentare l'avanzata nemica verso le postazioni fortificate della Gotica sugli Appennini.

Il 17 luglio tutte le unità della divisione SS erano passate a nord dell'Arno e i ponti fatti saltare il 23 luglio, realizzando nidi di mitragliatrici tra i campi e i palazzi cittadini dell'altra sponda mentre i soldati prendevano possesso degli edifici della città. In questo modo la Normale di Pisa venne trasformata in caserma con il comando della piazza cittadina affidato al comandante del 2° battaglione del 36° reggimento, l'SS-Hauptsturmführer Günther Kaddaz. Kaddaz venne ricordato per il suo modo spavaldo nel provocare il tiro avversario dall'altra parte del fiume, divertendosi ad accendere un cerino nelle tenebre sulla linea del fronte, scatenando così il nutrito fuoco delle armi automatiche nemiche. Kaddaz proveniva dalla divisione Totenkopf, dove era stato comandante di compagnia e si era distinto per il coraggio e sprezzo del pericolo. Con lo sforzo principale degli Alleati concentrato più a est, le truppe americane si limitarono a cannoneggiare le linee nemiche con artiglierie e mortai pesanti che presero a sparare a partire dal 17 luglio. I tedeschi risposero con le loro artiglierie, compresi gli 88 mm, accuratamente mimetizzate e i semoventi che si celavano tra le case di Pisa.

I genieri tedeschi fecero crollare con l'esplosivo diversi palazzi del Lungarno per ostruire le strade, così come gli argini cittadini dell'Arno in modo da facilitare la difesa di Pisa.

In realtà Pisa doveva essere considerata una città aperta o "zona bianca", garantita dal vaticano rappresentato dall'unica autorità riconosciuta dai tedeschi nella persona dell'arcivescovo, questo per via dei preziosi monumenti da tutelare, così come era accaduto a Siena che, però, aveva la fortuna di ospitare anche due ospedali militari tedeschi: Questo, però, non venne riconosciuto dai tedeschi per Pisa che, dopo la presa di Roma, città aperta, da parte degli americani, erano restii a dichiarare altre zone simili per il fatto che gli Alleati avevano sfruttato i ponti romani intatti per inseguire i tedeschi con i carri armati, contravvenendo ai patti. I tedeschi sfruttarono addirittura la torre pendente installando sulla sommità un osservatorio che venne anche mitragliato da aerei cacciabombardieri sudafricani. A tale riguardo, il 25 luglio, il feldmaresciallo Albert Kesserling, al comando del fronte italiano, ordinò che nessun reparto tedesco dovesse avvicinarsi alla Torre Pendente di Pisa per almeno 1,5 chilometri, cosa di difficile attuazione, comunque la torre pendente venne abbandonata dagli osservatori non prima di aver diretto il tiro di mortai nella notte tra il 23 e 24 luglio che costrinse il 1° battaglione della 91° Infantry Division a ritirarsi verso sud, senza poter rispondere al fuoco per paura di colpire i monumenti della Piazza dei Miracoli.

In questo periodo i soldati delle SS della "Reichsführer" non brillarono per la loro disciplina, con alcuni gruppi che si diedero al saccheggio di case abbandonate dai loro abitanti che aveva cercato riparo dai bombardamenti nei rifugi o nelle chiese colme di profughi. Molte le requisizioni di mezzi e animali, così come dell'appropriazione del raccolto di frumento, falciato addirittura dai soldati tedeschi stessi. Vi furono diverse esecuzioni sommarie di civili in città e nei suoi dintorni, almeno quattro episodi, in larga parte ebrei locali o giovani sospettati di essere partigiani. Capitò anche il caso di un soldato tedesco che aveva rapinato un venditore di verdura che fu velocemente condannato a morte da una corte marziale per questo fatto.

Nel frattempo, gli americani, guadagnavano terreno occupando, in agosto, Marina di Pisa e l'aeroporto cittadino a sud dell'Arno. Successivamente, a 8 chilometri a est di Pisa, presso il borgo di Zambra, nella notte tra l'1 e il 2 settembre, gli americani riuscirono ad attraversare l'Arno, sfondando le deboli linee tedesche con un reggimento che puntò verso nord, al villaggio di San Giuliano Terme, in modo da tagliare fuori, i soldati tedeschi a difesa di Pisa, da ogni possibile via di ritirata. Questo costrinse le SS a una precipitoso ripiegamento verso Lucca e la linea Gotica per sottrarsi all'accerchiamento, lasciando Pisa in mano agli americani, abbandonata, in sordina, già nella notte, tra l'1 e 2 settembre.

Nel frattempo, sulla costa Adriatica, la linea Gotica resse all'urto dell'offensiva alleata che si prefiggeva di sfondare verso la pianura Padana e di convergere verso Vienna e i Balcani, riuscendo a fermare questa avanzata. Fu questa una delle ultime importanti vittorie delle armi germaniche sul fronte italiano.

Azioni antiguerriglia e rappresaglie sull'Appennino

Con lo sfondamento della linea Gustav e la rapida avanzata degli eserciti alleati verso nord, le azioni delle formazioni partigiane si fecero sempre più numerose. Sembrava che i progressi dell'ottava armata britannica e della quinta armata americana dovessero mettere fine alla guerra quella stessa estate del 1944 con la liberazione totale della Penisola italica, cosa che portava a moltiplicare gli sforzi contro le forze tedesche in ritirata, prendendo soprattutto di mira le linee di comunicazione e i collegamenti dei reparti di sussistenza germanici. Molti degli attacchi partigiani furono condotti lungo la dorsale dell'Appennino e a supporto degli Alleati lungo la Gotica, lanciando incursioni dalle retrovie, tanto che, il comandante della decima armata, von Vietinghoff, dovette riconoscerne la pericolosità e l'efficienza combattiva nel settore orientale della Gotica, dove entravano in azione alle spalle dei combattenti tedeschi impegnati contro gli Alleati.

Lungo le strade e i passi appenninici la tattica partigiana prevedeva l'attacco contro i convogli logistici e della sussistenza, per poi dileguarsi, nei loro rifugi di montagna, evitando il confronto, diretto, con i più organizzati soldati tedeschi.

Questa guerriglia era fonte di forte preoccupazione per i comandi germanici che si trovavano a corto di truppe per potere controllare le arterie stradali essenziali per far giungere i rifornimenti alle truppe, che si ritrovavano anche con le vie di comunicazione continuamente attaccate dai cacciabombardieri nemici che non facevano altro che peggiorare una situazione difficile. Per porre rimedio alla guerriglia partigiana, il comando tedesco, decise di attuare una strategia terroristica di rappresaglie anche contro la popolazione civile che veniva sospettata di collusione con i partigiani o, semplicemente, residenti nelle aree di azione partigiana e abbandonati a loro stessi dopo che le operazioni di guerriglia mordi e fuggi si erano concluse. La messa in atto di spietate rappresaglie contro la popolazione civile riuscì ad ottenere una limitazione degli attacchi indiscriminati contro i soldati tedeschi, dato che le unità partigiane, radicate su un territorio, difficilmente desideravano mettere in pericolo la loro comunità, da cui dipendevano anche per la sopravvivenza.

In questa lotta contro i partigiani alcuni reparti della "Reichsführer" divennero tristemente noti per la loro spietatezza e crudeltà. In agosto, le SS, dovettero far fronte alla minaccia partigiana nella zona di Carrara contro la cosiddetta brigata comunista "Stella Rossa" che insidiava la linea del fronte sull'Arno da nord. Il 12 agosto, per rendere sicuro il territorio montuoso a nord di Viareggio, venne inviato il 2° battaglione del 35° reggimento SS, in quel periodo al comando dell'SS-Hauptsturmführer Anton Galler, che, con l'ausilio della 36° Brigata Nera di stanza a Lucca, rastrellarono il villaggio di Sant'Anna di Stazzema, radunando la popolazione in piccoli gruppi che vennero sistematicamente falciati dalle mitragliatrici o rinchiusi in spazi ristretti dove vennero colpiti dal lancio di granate a mano. Il villaggio stesso venne incendiato e il bestiame razziato o ucciso. I morti furono 560 di cui 130 bambini. Stessa sorte subì l'abitato di San Terenzo Monti, diversi chilometri più a nord, in una valle che si dirama da Sarzana. Qui fu l'SS-Panzer-Aufklärungs-Abteilung 16, guidato da Reder, a uccidere a colpi di mitragliatrici 159 civili tra il 17 e il 19 agosto. Sempre Reder sarà responsabile della strage della vicina Vinca, pochi giorni dopo, tra il 24 e 27 agosto. Anche qui il villaggio verrà dato alle fiamme, uccidendo 162 civili.

Il peggior massacro commesso da soldati tedeschi in Italia durante la guerra avrà luogo a Marzabotto tra il 29 settembre e il 5 ottobre, molto più a est della Garfagnana. Qui un'unità partigiana operava intorno a Monte Sole e minacciava la principale via di ritirata verso Bologna delle forze tedesche impegnate a sud contro gli americani della quinta armata, per questo venne dato ordine a Reder e al suo battaglione di fare terra bruciata contro le possibili basi in montagna della guerriglia partigiana, lungo la strada che si diramava da Rioveggio a Sasso Marconi. Anche in questo caso i partigiani rifiutarono di dar battaglia contro i tedeschi, i quali, sistematicamente, sterminarono la popolazione intorno a Monte Sole, uccidendo ben 770 civili di cui solo una minima parte era coinvolta nel movimento partigiano. Questo avveniva mentre la divisione SS veniva trasferita verso Bologna, passando alle dipendenze del primo Corpo paracadutisti (I° Fallschirm-Korps), con cui prese parte alla difesa dell'area di Porretta, sull'Appennino.

Reder, sopravvissuto alla guerra, per questi massacri sarà estradato in Italia nel 1948 e condannato all'ergastolo nel 1951, fuggendo però dalla prigionia nel 1985, per morire libero nel 1991 nella sua nativa Austria.

Operazioni sull'argine del Senio

Nel corso della ritirata lungo il fronte del tirreno la 16° SS Panzergrenadier Division aveva subito perdite significative: tra il primo luglio e il 30 settembre la divisione aveva perso 4152 uomini, soprattutto nei combattimenti tra Cecina e Rosignano, mentre, tra il primo ottobre e il 25 dello stesso mese, si ebbero altre 1508 perdite, tra morti, feriti, prigionieri e dispersi, per un totale di 5660 uomini persi per mano degli Alleati e dei partigiani, da quando la divisione si trovava a dipendere dalla quattordicesima armata. Con i rincalzi, provenienti dalla Germania, la divisione SS, riportò il suo organico a 14.223 uomini a dicembre del 1944.

Sempre a settembre, il battaglione reclute che si trovava in addestramento ad Arnhem, in Olanda, venne coinvolto nella dura battaglia che si svolse in quella cittadina contro i paracadutisti inglesi impegnati nell'operazione "Market Garden" che vide i tedeschi sconfiggere le forze alleate nel loro tentativo di liberare l'Olanda e di occupare il suolo tedesco già all'inizio dell'autunno del 1944.

Il 24 ottobre, il comandante della divisione Max Simon, venne sostituito dall'SS-Oberführer (colonnello brigadiere) Otto Baum, ufficiale della Totenkopfdivision dove si era già distinto nella sacca di Demjansk nel 1942, riuscendo, nel difficile tentativo, di mantenere aperta la vitale strada dei rifornimenti per la salvezza della sacca. Baum aveva poi raggiunto il grado di SS-Brigadeführer (Brigadiere) al comandando della 17° divisione delle SS Gotz von Berlichingen prima di passare alla 16° divisione SS "Reichsführer", all'età di soli 33 anni, con cui concluse la guerra, divenendo anche uno degli alti ufficiali più giovani e decorati delle SS.

Tra il 5 e il 26 novembre il Fallschirm-Korps, insieme alla 16° divisione SS, venne trasferito alla decima armata di Vietinghoff, impegnata nella difesa del settore orientale della Gotica.

L'offensiva alleata si era arenata lungo la dorsale appenninica ma, sulla costa adriatica, una lenta avanzata aveva permesso di occupare Ravenna i primi giorni di dicembre, grazie agli sforzi delle forze canadesi, permettendo agli Alleati di giungere a ridosso della pianura Padana. A impedire agli Alleati di dilagare verso nord vi erano le valli di Comacchio e un sistema di corsi d'acqua e canali che rendevano difficilmente praticabile quel territorio a mezzi corazzati. La necessità di difendere quell'area delicata da un reparto fidato ricadde sulla divisione SS "Reichsführer" che lì venne trasferita a novembre, allo scopo di difendere l'argine settentrionale del fiume Senio tra Alfonsine e Lugo di Romagna.

A dicembre la divisione venne rafforzata da un nuovo battaglione di artiglieria, il 3° Abteilung, portando a quattro i battaglioni dell'SS-Artillerie-Regiment 16, mentre, a gennaio, l'SS-Sturmgeschütz Abteilung venne trasferito in Germania per contribuire a formare la 32° SS-Freiwilligen-Grenadier-Division "30 Januar", assumendo la numerazione di 32° SS-Panzerabwehr-Abteilung nell'aprile del 1945.

Tra il tardo autunno del '44 e l'inizio dell'inverno le operazioni militari rallentarono, gli Alleati, esausti delle battaglie precedenti dovevano riorganizzarsi per riprendere l'offensiva in primavera. Lungo il Senio la guerra divenne di posizione, simile a quanto già sperimentato dalle SS nelle basse e umide trincee di Anzio. Anche in questa occasione le azioni si limitavano a scontri tra pattuglie e tiri d'artiglieria, a cui si aggiungeva la nota abilità dei tedeschi nel rendere ogni cascina e stalla in una casamatta irta di mitragliatrici.

Con le trincee avversarie, spesso a pochi metri di distanza, accadde un fatto curioso: il 23 gennaio 1945 quando, alcuni soldati canadesi della 1° Infantry-Division, lanciarono un sasso con un messaggio su un foglio arrotolato nella trincea tedesca, su cui si chiedeva lumi ai soldati della 9° compagnia del 3° battaglione appartenenti al 36° reggimento SS circa la funzione dell'ospedale di Fusignano, se, cioè, ospitasse al suo interno soldati tedeschi, impegnati a sfruttare come punto d'osservazione la torre posta sulla struttura che dominava la piatta pianura. Le SS risposero inviando una delegazione composta dall'SS-Unterscharführer (sergente) Willi Horne della 11° compagnia a parlamentare, sotto la protezione della bandiera bianca, il quale propose ai canadesi di inviare alcuni osservatori all'ospedale per sincerarsi come la struttura curasse in realtà solo civili italiani e come non vi fossero presenti al suo interno soldati tedeschi, per cui non era necessario bombardare il grande edificio su cui capeggiava una grande croce rossa. Horne rimase come ostaggio dei canadesi che inviarono presso le linee tedesche due ufficiali, i quali, bendati e portati all'ospedale di Fusignano con una *schwimmwagen*[3] poterono convincersi dell'assenza di soldati nemici all'interno dell'nosocomio prima di essere riportati presso le loro linee. Questo fatto salvò l'ospedale dall'imminente distruzione, salvando centinaia di civili innocenti dal bombardamento.

Se sul fronte italiano regnava una relativa tranquillità, all'inizio del 1945, la situazione si stava facendo critica su tutti gli altri fronti. Per questo la presenza della 16° divisione SS divenne superflua sulla linea Gotica, venendo richiamata in Germania per partecipare alle ultime disperate offensive contro i sovietici.

---

3 Auto anfibia.

▲ Soldati della 16° "Reichsführer" di una squadra mitragliatrici armati con una MG 42 sul fronte della Gotica. Il reparto appartiene al 3° battaglione del 36° reggimento in cui militava l'SS-Unterscharführer (sergente) Rudolph Michel. L'area è quella delle alture di Monterumici, poco a sud di Bologna, dove le SS bloccarono definitivamente l'attacco della 34° divisione americana tra il 4 e 5 ottobre 1944, definendo la linea del fronte, tra l'abitato di Vado, Monte Sole e Sant'Ansano nella Valle del Savena. Notare le classiche mimetiche usate dalle SS. (Collezione Alessandro Botré)

▼ Retro della cartolina che porta la didascalia del luogo dove è stata scattata la foto precedente. Notare il simbolo divisionale della "Reichsführer". (Collezione Alessandro Botré)

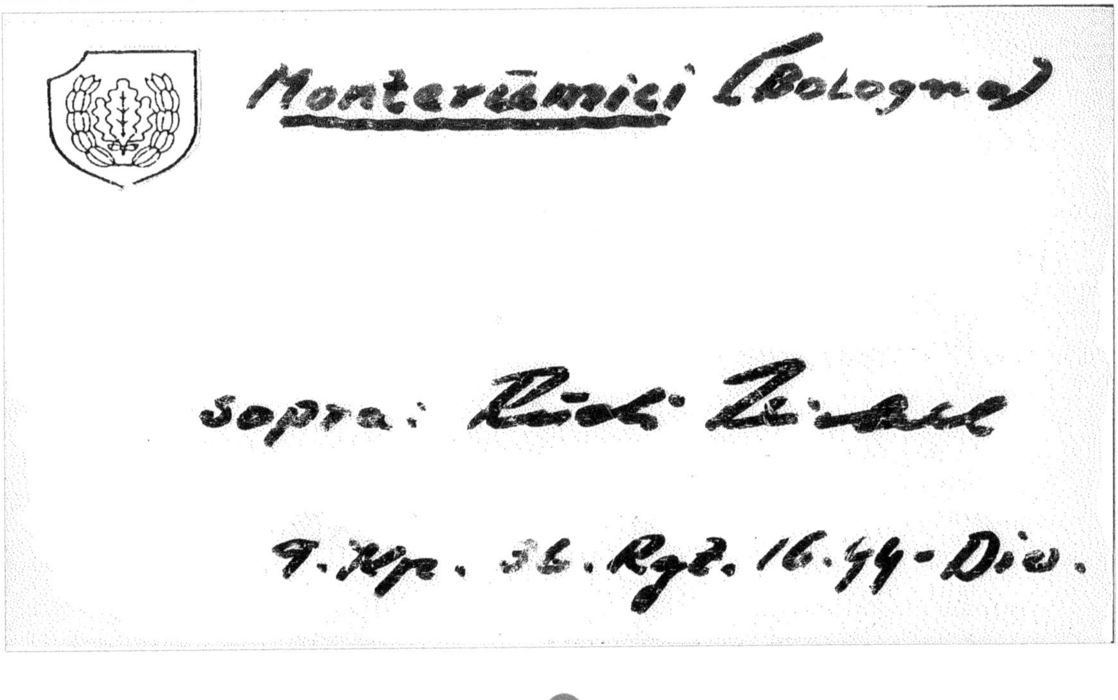

▲ Porta ritratto di Rudolph Michel, appartenente alla 9° compagnia del 36° reggimento. Nel 1945 aveva 21 anni quando venne ferito sul fronte del Senio. Precedentemente, su quel fronte, fu protagonista del salvataggio di un ragazzo italiano gravemente ferito ad un piede da una granata canadese. Michel e la sua squadra di mitraglieri erano appostati nel vicino fienile, prodigandosi subito nel soccorrere il ragazzo che venne trasportato all'ospedale militare di Argenta. Michel sopravviverà alla guerra. (Collezione Alessandro Botré)

◄ L'Unterscharführer Rudolph Michel aveva stretto amicizia sulla linea del Senio con il quindicenne Stelio Tagle, marò della Decima Mas, del Battaglione Lupo. In quel periodo, i marò, erano privi di rancio, tanto da doversi arrangiare con quello che trovavano sul posto per nutrirsi, Michel condivideva la sua scatoletta di carne con Stelio, dividendone le porzione con il pugnale. Capitò anche che, una sera, catturarono un pollo che finì bollito nell'elmetto.

(Collezione Alessandro Botré)

L'ultima offensiva in Ungheria

La divisione venne trasferita in Ungheria nel febbraio del 1945 per prendere parte all'offensiva tedesca "Frühlingserwachen" (cioè "Risveglio di Primavera") che avrebbe dovuto portare alla riconquista di Budapest, nel mese successivo, strappandola ai russi. Questa azione era fondamentale per permettere ai tedeschi di salvaguardare gli ultimo pozzi petroliferi della regione rimasti in loro possesso, indispensabili per lo sforzo bellico.
Inizialmente la divisione "Reichsführer" si radunò nelle retrovie della zona dei campi petroliferi di Nagykanizsa, ultima area con le risorse di petrolio disponibili per il Reich.
All'inizio di marzo vennero formati due corpi d'armata delle SS con le principali divisioni delle SS al completo, comprendendo la 3° divisione SS Totenkopf, la 5° divisione SS "Wiking", la prima divisione SS "Leiberstandarte", la 2° divisione SS "Das Reich", la 12° SS "Hitlerjugend", la 9° divisione SS "Hohenstaufen" e la "Reichsführer". Queste divisioni agli ordini dell'SS-Oberst-Gruppenführer (generale d'armata) Sepp Dietrich, costituirono insieme la sesta armata corazzata delle SS, la maggior concentrazione di SS mai avvenuta in tutta la guerra, anche se tutte queste unità erano ormai sotto organico, debilitate da mesi di continuo impiego in battaglia.
Per questa offensiva si tentò di sfruttare il fattore sorpresa, eliminando ogni segno di riconoscimento delle divisioni, perfino le fascette da polso.
L'offensiva scattò alla mezzanotte del 5 marzo con i russi ben lungi dall'essere sorpresi dall'attacco nemico, dato che, grazie alla ricognizione aerea, avevano individuato un forte ammassamento di truppe. L'offensiva si sviluppò a partire dall'angolo nord e sud del lago Balaton in un clima primaverile che aveva portato a un rialzo delle temperature, dando inizio al disgelo in una regione ricca di paludi che lo scioglimento del ghiaccio trasformava in un pantano impenetrabile, cosa che impediva ai mezzi di muoversi liberamente, soprattutto i pesanti mezzi corazzati ebbero enormi problemi tanto che dai racconti di Dietrich si parla di ben 15 moderni e potenti carri armati Konigstiger che sprofondarono nel fango fino alla torretta. L'artiglieria scatenò, quella prima notte dell'offensiva, un violento tiro di sbarramento sulle linee russe ma, i granatieri corazzati tedeschi, impediti nella marcia dal fango, poterono raggiungere la loro linea d'attacco solo all'alba e senza i mezzi corazzati bloccati nel pantano. Alle cinque del mattino del 6 marzo con un nuovo tiro di sbarramento le SS conquistarono le trincee nemiche.
La battaglia infuriò per tre giorni tra il fango e contro un nemico superiore in numero e mezzi che manteneva il dominio dei cieli. Le SS di Dietrich si avvicinarono a Budapest di soli 30 chilometri prima che la loro spinta offensiva si esaurisse per mancanza di rifornimenti, costringendo la sesta armata corazzata SS sulla difensiva. A metà marzo la 16° divisione SS cominciò la ritirata combattendo lungo il fiume Mur. L'armata SS riuscì a sottrarsi dall'accerchiamento ritirandosi a nord del lago Balaton verso l'Austria.
Tra marzo e aprile la divisione contava ancora una forza di circa 13.000 uomini sulla carta anche se, nella realtà, i soldati validi dovevano essere molto meno in quel momento della guerra.
A fine aprile i resti della divisione "Reichsführer" vennero inseriti nell'organico del primo Corpo di cavalleria (I° Kavallerie-Korps) sottoposto alla seconda armata corazzata che aveva il compito di difendere la regione della Stiria in Austria e dei Balcani settentrionali, entrando in combattimento lungo il fiume Drava.

Ai primi di maggio la divisione era divisa in vari Kampfgruppe che combattevano tra Graz e Klagenfurt. L'8 maggio la capitolazione della Germania vide le unità della 16° divisione SS "Reichsführer", arrendersi alle forze armate britanniche e americane, mettendo fine all'esistenza della divisione stessa.

Organigrammi

Divisionskommandeure (Comandante di divisione)

SS-Obersturmbannführer Karl Gesele da febbraio 1942 a settembre 1943
SS-Gruppenführer Max Simon dal 3 ottobre 1943 al 24 ottobre 1944
SS-Oberführer Otto Baum dal 24 ottobre 1944 all'8 maggio 1945

Capi di Stato maggiore

SS-Obersturmbannführer Albert Ekkehard (20 Ottobre 1943 - 1 Dicembre 1944)
SS-Obersturmbannführer Karl Gesele (1 Dicembre 1944 - 5 Gennaio 1945)
Major Lothar Wolf (5 Gennaio 1945 - ? Maggio 1945)

Area di operazioni

Iugoslavia   (Ottobre 1943 - Febbraio 1944)
Italia e Ungheria   (Febbraio 1944 - Maggio 1944)
Germania   (Maggio 1944 - Giugno 1944)
Italia   (Giugno 1944 - Dicembre 1944)
Ungheria e Austria   (Dicembre 1944 - Maggio 1945)

▲ Insegna divisionale della 16th SS Panzergrenadier Division Reichsführer SS

▲ Colonna di cannoni d'assalto Sturmgeschütz III della 16a SS-Freiwilligen-Panzergrenadier-Division "Reichsführer SS"

▼ Automezzo Steyr Raupenschlepper Ost RSO-01 della divisione tedesca.

▲ Gruppo di soldati e sottufficiali della 16ª Waffen SS

▲ Una coppia di paracadutisti tedeschi in Abruzzo, nel 1943

▲ Sturmgeschutz StuG-3 della "Reichsführer-SS".

▼ Mitraglieri in azione della 16.SS-Pz.Gr.Div. 'Reichsführer-SS'

▲ Foto di Gruppo di diversi ufficiali della Reichsführer-SS

▼ Uomini in tenuta tropicale della 16th SS Panzergrenadier Division Reichsführer-SS

▲ Soldati della divisione impegnati a Fosdinovo, Marciaso – 3 agosto 1944

▲ L'eccidio di Sant'Anna fu uno dei peggiori crimini contro l'umanità commesso dai soldati tedeschi della 16 SS Panzergrenadier Divisione "Reichsfuhrer SS" in Italia. Nella foto il generale Simon principale responsabile della vicenda.

▲ Uno sturmgeschutz StuG-3 della "Reichsführer-SS" in riparazione.

▲ Un automezzo anfibio Schwimmwagen

▼ Tipica piastrina di riconoscimento di una SS della 16a SS-Panzergrenadier

▲ Max Simon, il primo comandante della divisione, fu il principale esponente di molti crimini contro l'umanità in Italia, noto fra tutti l'Eccidio di Sant'Anna di Stazzema, dove morirono 560 persone, tra cui 130 bambini.

▲ Ritratto di Otto Baum, ultimo comandante della divisione.

▲ Altro ritratto del generale Baum

▲ Fallschirmjäger motociclista fronte italiano.

▲ SS agli ordini del nuovo comandante della divisione Otto Baum

▼ Il generale Otto Baum e Hermann Priess impegnati in campagna.

LA 24° WAFFEN-GEBIRGS-DIVISION DER SS "KARSTJÄGER"

Origini

Era il luglio del 1942 quando, il geologo e SS-Sturmbannführer (maggiore) Hans Brand, propose a Himmler di creare una unità di soldati specializzati nei combattimenti in alta montagna che prendeva spunto dalle truppe da montagna austriache della guerra precedente: i famosi Kaiserjäger, e proprio il territorio di reclutamento sarebbe stato lo stesso dei loro predecessori, tra i monti e le valli della Slovenia e Italia, tutta l'area mitteleuropea. L'idea di un reparto specializzato nei combattimenti tra le forre e le grotte carsiche era già stato ipotizzato dall'Ahnenerbe[4] negli anni Trenta, ambiente presente, non solo nella Carnia ma, anche, in Francia, Grecia, Russia e nei Balcani.

In quell'estate del '42 venne creata la SS-Karstwehr-Kompanie, un reparto delle SS di dimensioni ridotte ma che doveva essere ben addestrato nella guerra alpina. Inizialmente venne dislocata in Baviera, a Pottestein, una compagnia delle SS proveniente dal campo di concentramento di Dachau per essere addestrata alla guerra in montagna. Il 15 novembre del 1942 l'organico venne ampliato a quello di un battaglione, divenendo l'SS-Karstwehr-Bataillon con 3 compagnie di Gebirgsjäger, cioè di alpini, visto che già avevano raggiungendo la forza di 1831 uomini nel giugno del 1942. Questi soldati di montagna vennero denominati Karstjäger, i "Cacciatori del Carso". Come tutti i reparti alpini tedeschi, anche le SS utilizzavano la tipica toppa con l'Edelweiss (la stella alpina), cucita sulla manica destra e sul tipico berretto Bergmütze M43, associati alla peculiare giubba mimetica dei reparti delle Waffen SS. Successivamente, nell'agosto del 1943, il reparto venne trasferito nell'area del Friuli Venezia-Giulia, nella zona di operazione del Litorale Adriatico e delle Prealpi, area di confine tra l'Italia con Slovenia e Croazia. Questa zona era stata denominata, dopo l'8 settembre del 1943, come Operations zone Adriatisches Küstenland (OZAK), che vedeva l'etnia slava e quella italiana confrontarsi per l'egemonia in regioni abitate da popolazioni miste. Con il disfacimento dell'esercito italiano, la fazione slava comunista, si era appropriato di numerosi armamenti italiani, traendo un rinnovato vigore che venne represso solo dal deciso intervento tedesco che bloccò la pulizia etnica seguita alla dissoluzione delle forze armate italiche di presidio in quell'area. Le formazioni partigiane jugoslave divennero un vero e proprio esercito con una capillare organizzazione militare che, alla fine del 1943, permetteva loro di sfidare in campo aperto i presidi militari tedeschi, quest'ultimi sempre più in difficoltà su tutti i fronti e con sempre meno risorse da destinare al controllo del territorio montuoso dei Balcani.

Per far fronte a questa minaccia, il comando tedesco favorì lo sviluppo di reparti militari locali, fedeli al Reich, con soldati reclutati nell'area balcanica, conoscitori dei luoghi d'impiego al pari dei nemici.

In questa prospettiva procedeva la formazione dell'SS-Karstwehr-Bataillon, il battaglione del Carso (Karst stava per Carso) dal luogo dove avrebbe operato e reclutato il proprio personale. Già nell'agosto del 1943 si prevedeva di reclutare una nuova divisione da montagna delle SS a partire da un nucleo di soldati austriaci e di Volksdeutsche mitteleuropei di ogni età, a

---

4 Forschungsgemeinschaft Deutsches Ahnenerbe: letteralmente "Società di ricerca dell'eredità ancestrale", volta alle ricerche riguardanti la storia antropologica e culturale della razza ariana.

questi si aggiunsero numerosi volontari italiani provenienti dagli altopiani del Carso e, più in generale, dalla Venezia Giulia, anche croati e bosniaci si arruolarono nel battaglione, nucleo della futura 24° divisione delle SS. Subito dopo la disgregazione dell'esercito italiano, si unirono al battaglione circa 300 soldati italiani. Nel dicembre del 1943 l'organigramma del Karstwehr Bataillon con i comandanti di compagnia era il seguente:

Stab Kompanie (compagnia comando), SS-Sturmbannführer Erich Wieland Ib
1 Kompanie, SS-Hauptsturmführer Mehrwald
2 Kompanie, SS-Sturmbannführer Kuhpantner
3 Kompanie, SS-Sturmbannführer Berschneider
4 Kompanie, SS-Untersturmführer Kühbandner
Nachschub Kompanie (compagnia rifornimenti), SS-Untersturmführer Flake
Ersatz kompanie (compagnia complementi) stanziata a Dachau

Nell'agosto del 1943 il battaglione delle SS si stabilì in Val Canale, distribuendo le sue compagnie tra le località di Malborghetto, Valbruna, Ugovizza, e Camporosso dove, presso l'hotel "Alla Posta", si trovava il comando di battaglione. Il loro compito era di controllare la fondamentale area di collegamento tra Italia e Germania del Tarvisio. Al comando del battaglione vi era lo SS-Standartenführer (colonnello) Dr. Hans Brand che ne aveva seguito lo sviluppo dal 1942, rimanendone alla guida fino al febbraio del 1944, quando, a seguito di disaccordi con il comando dell'OZAK, venne sostituito dall'SS-Sturmbannführer Josef Berschneider[5], incarico che venne ufficializzato solo nell'agosto del 1944. Con la formazione della divisione, Berschneider, otterrà il comando del 59° Waffen-Gebirgsjäger-Regiment, che manterrà fino alla fine della guerra.

▲ Cannone da montagna 65/17 di fabbricazione italiana. Sebbene risalente alla Grande Guerra era ancora usato dalle truppe alpine per la sua versatilità e il semplice funzionamento.

---

[5] Nato nel 1902, era stato in precedenza comandante della 5° compagnia dell'SS-Infanterie-Regiment 6 della divisone 6° SS-Gebirgs-Division "Nord", prima di passare all'SS-Karstwehr-Bataillon.

▲ Il cannone da montagna impiegato in azione durante la lotta contro i partigiani dal battaglione SS-Karstwehr. Il calibro del cannone era di 65 mm.

▼ Scomponibile in 5 parti, il cannone da montagna 65/17, poteva essere trasportato a dorso di mulo "someggiato".

▲ Trasposto della parte ottica del pezzo da montagna.

▼ Il pezzo da montagna 65/17 poteva essere trasportato anche al traino, come in questo caso, rendendolo più velocemente pronto all'azione.

Operazioni antibande sul Carso

Dopo il veloce disarmo dei soldati italiani nella zona dell'OZAK, tra il settembre del 1943 e l'agosto dell'anno successivo, il battaglione delle SS, venne coinvolto nella difesa del territorio trevigiano e sloveno in una serie di operazioni contro le forze partigiane comuniste del maresciallo Tito, molto attive in quell'area di confine.

Il primo incarico del battaglione fu quello di fare la guardia a zone importanti per l'economia, come alla tratta ferroviaria tra Tarvisio, Gemona e Udine, così come ai passi montani e alle centrali idroelettriche.

Subito dopo la resa dell'Italia, le SS, cercarono di realizzare degli accordi con i partigiani locali del IX Korpus, liberando dal carcere di Udine 56 prigionieri politici in cambio della promessa che la guerriglia avrebbe abbandonato l'alta valle dell'Isonzo, cosa che non avvenne mai, mettendo così fine a ogni ulteriore tentativo di abboccamento con le forze partigiane. Sarà proprio l'alta valle dell'Isonzo a essere interessata alla prima operazione di controguerriglia del Karstwehr con lo scopo di liberarne le vie di comunicazione. Vennero bloccati i passi e liberato il villaggio di Saga, ma si dovette aspettare fino a ottobre per poter lanciare un attacco all'alta valle dell'Isonzo e rastrellarla dalla presenza nemica, questo con l'aiuto dei soldati croati della 2° Kroatische Freiwilligen Legion che disponeva di armi pesanti con un gruppo d'artiglieria che supportava due battaglioni di fanteria croata.

Le SS e i battaglioni croati andavano a far parte del Kampfgruppe denominato "Bredeförder", dal nome del suo comandante, costituito anche da altri reparti della Wehrmacht. In quel periodo i Karstjäger erano inquadrati nel 2° SS Panzer-Korps guidato, dall'SS-Obergruppenführer Paul Hausser.

Le operazioni durarono fino a novembre, lasciando comunque il tempo, ai soldati delle SS, di proseguire nel loro addestramento e nei compiti di sorveglianza che avrebbero condiviso con i croati e con la 162° (Turkistan) Infanterie-Division, divisione di fanteria (Turkmenistan), composta da soldati di origine caucasica, giunta in Friuli a ottobre. Nello stesso periodo si andava a formare una compagnia pesante, la 4° schwere Kompanie, con materiale di preda bellica italiana, posta di stanza a Malborghetto.

Sempre in ottobre, la prima compagnia, fu occupata a controllare le numerose opere trincerate della Grande Guerra, sincerandosi che i vecchi bunker non fossero presidiati dai partigiani. In questa occasione vi furono diversi scaramucce ma, il fatto più grave, avvenne il 10 ottobre, quando, un isolato camion della compagnia cadde in una imboscata sulla strada tra le località di Predil e Bretto di Sopra, che costò ai tedeschi tre morti e 8 feriti, episodio che venne presto vendicato dalla rappresaglia dell'SS-Hauptsturmführer Mehrwald che, il 12 ottobre, fece fucilare 16 partigiani prigionieri e incendiare il villaggio di Bretto di Sopra dopo averne cacciato gli abitanti. Mehrwald agì di propria iniziativa venendo in contrasto con il Dr. Brand che riteneva più utile agire con moderazione nei confronti dei civili di cui desiderava guadagnarne il consenso e, quindi, l'appoggio alle truppe d'occupazione.

Tra il 16 e il 28 ottobre, la 1° compagnia con l'appoggio di un plotone della quarta, venne coinvolta in scontri a distanza nella zona tra l'abitato di Saga e di Caporetto, con i partigiani che si limitavano a sparare sulle SS da posizioni sulle alture e nei boschi, molto lontani dai loro obiettivi, facendo ben pochi danni.

▲ Puntamento del cannone da montagna.

▲ L'ambiente montagnoso dove dovevano operare i "Cacciatori del Carso".

▼ Addestramento all'uso degli sci.

Tra novembre e dicembre i Karstjäger vennero impiegati nell'Operazione "Treufe" che dove liberare definitivamente le valli del Natisone e dell'Isonzo, tra Caporetto e Cividale, dalla presenza delle forze fedeli a Tito, tramite fitti rastrellamenti tra i campi e le cime boscose della regione, presidiando, al contempo, i punti strategici di passaggio. Diverse colonne delle SS e della Wehrmacht, appoggiate da armi pesanti, avevano come obiettivo Caporetto, località raggiunta il 31 ottobre dalla 1° e 2° compagnia, appoggiate da un cannone italiano, trainato da un trattore, di preda bellica, ora appartenente alla 4° compagnia. Gli scontri furono particolarmente duri sulle alture intorno Caporetto dove i numerosi bunker e trincee della guerra passata favorivano i difensori, costringendo le SS a conquistare le fortificazioni nemiche una dopo l'altra in scontri ravvicinati, tra le forre e i canaloni di quelle montagne, giungendo spesso a scontri ravvicinati, anche corpo a corpo. Nella notte tra il 31 e primo novembre, 800 soldati titini, lanciarono un contrattacco per riconquistare il terreno perduto. L'attacco venne respinto grazie anche all'accorto utilizzo dell'unico cannone presente della compagnia pesante.

Successivamente la 2° compagnia guidata dall'SS-Untersturmführer Kühbandner riuscì a prendere di sorpresa i titini che si erano ritirati nel loro quartier generale di Idresca, dopo che questi si erano ritirati dalla zona di Caporetto, costringendo i partigiani a fuggire anche da quella zona. In pochi giorni tutti i villaggi di quelle valli furono liberate dalla minaccia partigiana.

La 1° compagnia si trovò a combattere il novembre nel villaggio di Stanovischis nella valle del Natisone, dove i guerriglieri titini si fortificarono all'interno di un edificio che venne conquistato solo dopo un duro combattimento ravvicinato.

Nei giorni del 3 e 4 novembre, la 3° compagnia, si trovò a ripulire i bunker verso il passo Zacraio, dove i titini opposero una strenua resistenza prima di essere sopraffatti con 36 caduti, permettendo alle SS di occupare le pendici del Monte Nero, eliminando un centinaio di partigiani.

La neve aveva già raggiunto quelle quote, rallentando le operazioni militari, che continuarono con il rastrellamento del Monte Cucco da parte della 1° compagnia e, il giorno 10, la 2° compagnia vene coinvolta in scontri nel villaggio di Montemaggiore, a sud ovest di Caporetto, dove una mitragliatrice pesante titina, che bloccava l'ingresso al paese, venne eliminata dall'azione personale dell'SS-Oberscharführer Alfred Ludl. Successivamente si svilupparono una serie di combattimenti casa per casa che costarono la vita alla maggioranza dei difensori i quali lasciarono in mano ai tedeschi solo 15 prigionieri. Ludl, per questa e altre azioni, venne promosso e decorato della Croce di Ferro di seconda e prima classe, ottenendo, alla fine della guerra, il raro e ambito distintivo per la guerra antipartigiana, il Bandekampfabzeichen in oro. Questa ambita decorazione dimostrava l'impegno contro la guerriglia e i Karstjäger furono l'unità che ebbe il maggior numero di soldati a ottenere questo riconoscimento, tanto che, il primo soldato a riceverla fu l'SS-Obersturmführer Erich Kühbandner appartenente alla 24° Divisione delle SS.

In dicembre i Karstjäger parteciparono all'operazione "Blumendraht[6]" con rastrellamenti tra Gorizia e Trieste.

Durante l'inverno, i Karstjäger, vennero impiegati in una serie di operazioni di rastrellamento

---

[6] Il distintivo per la repressione della guerriglia partigiana fu istituito il 30 gennaio del 1944 e rilasciato in tre versioni: Bronzo, per 20 giorni di combattimento. Argento, per 50 giorni di combattimento. Oro, con 100 giorni di combattimento.

contro il IX Corpo dei partigiani di Tito intorno all'area di Gradisca. Dalla resa degli italiani a settembre, le forze jugoslave fedeli a Tito, avevano ottenuto il controllo di vaste aree del territorio precedentemente occupato dai soldati italiani, accumulando molte armi e equipaggiamenti abbandonati. Solo il pronto intervento delle decise formazioni militari tedesche riuscì a strappare ai partigiani le posizioni che avevano facilmente conquistato con la disfatta italiana, costringendo, di nuovo, i partigiani, a disperdersi e trovare rifugio sui monti per continuare la guerriglia contro i tedeschi.

Durante una nevosa giornata di febbraio un piccolo gruppo di 15 giovani reclute dei Karstjäger della 2°, 3° e 4° compagnia in pattuglia, presso la Selva di Tarnova, finì in una imboscata venendo catturato al completo. Nessuno seppe più nulla fino a che, qualche giorno dopo, una lettera anonima al comando del battaglione, avvisò le SS sul luogo dove trovare i propri camerati, tutti uccisi e decapitati, le teste erano state infilzate alle baionette infisse nel terreno. I caduti vennero sepolti nel cimitero di Fogliano con la data del 19 febbraio 1944. Altre fonti pospongono il fatto al periodo dell'operazione Annemarie, all'inizio dell'estate, ma, probabilmente, vi deve essere stato un sovrapporsi di eventi. In quel periodo era normale che, i prigionieri dei partigiani, venissero torturati e mutilati e i corpi lasciati ad ammonimento. In risposta i tedeschi bruciavano i villaggi, deportandone gli abitanti e, i sospetti partigiani venivano impiccati.

A febbraio l'operazione Ratte si svolse in Slovenia, tra le località di Komen e Rihemberk, nel corso della quale la 3° compagnia, con circa 250 uomini, finì in un'imboscata ordita dalla 18° brigata titina (circa 900 soldati ben equipaggiati su tre battaglioni) presso il villaggio di Crai/Kraj dove i Karstjäger si asserragliarono il 19 febbraio, venendovi circondati. I titini attaccarono il villaggio verso le ore 13 di quel giorno, con le SS che rifiutarono di arrendersi combattendo fino all'ultimo colpo in una serie di azioni casa per casa che vedeva i difensori divisi tra loro all'interno del villaggio in fiamme. Alla fine, per le SS, lo scontro si trasformò in rotta con pesanti perdite. I soccorsi richiesti, via radio, erano troppo lontani e non riuscirono a arrivare in tempo per salvare la situazione ormai compromessa. La 4° compagnia attaccò la 19° brigata partigiana lo stesso giorno ma fu respinta da un contrattacco nemico subendo la perdita di tre soldati. Nello stesso momento, però, la 1° compagnia attaccava sempre la 19° brigata dando luogo a una delle più violente battaglie combattute contro i partigiani dai Karstjäger che portò all'annientamento della brigata nemica che ebbe a lamentare la morte di 50 uomini e oltre 30 dispersi contro i tre caduti dei Karstjäger della 1° compagnia. Molti dei caduti tedeschi di queste battaglie trovarono sepoltura nel grande sacrario di Redipuglia.

Con la primavera le azioni militari tra l'Istria e il Carso, volte a estirpare la presenza partigiana anche sui monti, si intensificarono. A Marzo si misero in atto diverse operazioni, alcune della durata di una sola giornata di attività, in complesso queste furono: Zypresse, Märzveilchen, Maulwurf e Hellblau, tutte nell'area montuosa di Gorizia. Questa attività non diede molti frutti se non quello di far ritirare le forze titine in aree remote e maggiormente inaccessibili, verso la foresta di Tarnova, oltre alla cattura di due piloti americani abbattuti nei cieli triestini. Il 25 marzo scattò l'operazione Dachstein a cui prese parte una colonna di 300 alpini della Karstwehr guidati da Berschneider che da Predmeia doveva giungere fino al villaggio di Zolla. Nel corso del rastrellamento si ebbero alcuni scontri che portarono all'uccisione di 27 partigiani e alla cattura di altri 3, fu anche scoperta una scuola ufficiali all'interno di una locanda nell'abitato di Dol-Ottelza, subito data alle fiamme.

▲ Marcia in colonna nel paesaggio carsico con i muli affardellati con munizioni e equipaggiamenti.

▼ Piscina ubicata nella caserma di Pottenstein realizzata nella roccia della montagna.

▲ Locale servizi nel campo d'addestramento del Karstwehr-Bataillon a Pottenstein.

▼ Lavori di perforazione con un martello pneumatico della roccia calcarea del Carso per la realizzazione di fortificazioni da parte della compagnia del genio.

▲ Il panorama di Pottenstein.

▲ Trasporto verso l'esterno del materiale roccioso scavato.

▼ Carro P 40 impiegato dai "Cacciatori del Carso".

Ai primi di aprile una nuova operazione detta Osterglocke, si sviluppò questa volta in Istria, dove si distinguerà la 2° compagnia che, l'11 aprile, distrusse un gruppo partigiano uccidendo 14 nemici. Alla fine delle operazioni, la penisola istriana era stata liberata dalla minaccia dei partigiani.

Un'altra importante operazione antibanda fu denominata Braunschweig, nell'entroterra istriana che porterà alla cattura di circa 1800 partigiani e all'uccisione di altri 390 con la perdita, da parte dei tedeschi e dei loro alleati italiani, di 35 uomini, di cui 11 uccisi negli scontri.

A fine maggio il battaglione venne impiegato nell'area di Gorizia nell'operazione Liane, che iniziò nel peggiore dei modi quando un convoglio di camion tedeschi e italiani finì in una imboscata che causò diverse perdite presso il villaggio di Peternel la mattina del 22 maggio. Lo stesso pomeriggio, presso quel villaggio, alcuni Karstjäger si scontrarono con alcuni partigiani che subito si barricarono all'interno di una locanda che fu data alle fiamme insieme ai difensori, dai Karstjäger stessi.

Il 28 e il 29 maggio (operazione Spitz), la 2° e 4° compagnia dei Karstjäger, appoggiati dai carri armati della 2° compagnia del 208° Panzer-Abteilung, riuscirono a liberare una compagnia della divisione SS Prinz Eugen che si trovava assediata nel castello di Rifembergo da ingenti forze partigiane, le stesse che, due giorni prima, avevano annientato la 6° compagnia del 2° battaglione del reggimento Tagliamento.

Dal 6 al 17 giugno, il battaglione dei Karstjäger, partecipò alla vasta operazione denominata Annemarie, svolgendo una serie di rastrellamenti tra i villaggi di Buccola, Sebreglie e Idria (Idrija).

Il 7 giugno capitò un episodio curioso che vide tre "Cacciatori del Carso", guidati dall'SS-Unterscharführer Süss, svolgere un pattugliamento a cavallo tra le montagne che portavano al villaggio di Recca San Giovanni, località dove si sarebbero dovuti unire a un plotone del 15° reggimento della SS-Polizei, il quale si trovò presto circondato da una folta banda partigiana. La stessa pattuglia a cavallo venne attaccata da una trentina di partigiani presso Recca. I tre Karstjäger, abbandonati i cavalli, erano ben decisi a non arrendersi, riparandosi in un cascinale respinsero gli assalitori che si erano fatti avanti troppo baldanzosamente, uccidendone una decina. Assediati durante il pomeriggio, Süss e i suoi due compagni si difesero validamente, mantenendo a distanza gli assalitori, esaurite le munizioni, verso sera, riuscirono a fuggire nei fitti boschi della zona dove si nascondevano durante il giorno per marciare di notte verso la salvezza che giunse dopo dieci giorni di cammino, quando vennero trovati da una pattuglia di bersaglieri del battaglione "Mussolini". Tutti e tre furono encomiati con la Croce di Ferro di seconda classe.

La formazione della 24° Waffen-Gebirgs-Division SS "Karstjäger"

La necessità di controllare il territorio e i successi ottenuti dai Karstwehr Bataillon decisero Himmler ad implementare gli organici del battaglione che erano, già, in notevole espansione numerica, grazie al continuo apporto di volontari, l'intento era quello di creare una nuova divisione da montagna delle SS da affiancare alle altre formazioni militari che combattevano nei Balcani.

Il 18 luglio 1944 con un ordine dell'SS-FHA (SS Führungshauptamt), cioè del quartier generale delle SS, venne dato avvio al progetto di formazione della nuova formazione delle SS. Il primo agosto del 1944 nasceva, ufficialmente, la nuova divisione da montagna delle SS che dai 3000 uomini dell'organico di giugno doveva svilupparsi nel numero a quello di una divisione completa.

I quadri dei Karstjäger, i "Cacciatori del Carso", vennero implementati dai veterani di diverse importanti divisioni delle SS, in particolare dalla 6° SS-Gebirgs-Division "Nord", una divisione di montagna delle SS. Molte le provenienze etniche tra i volontari di diversi paesi: ucraini, rumeni e persino svizzeri, vi fu anche una compagnia di volontari spagnoli, la maggior parte delle reclute erano però di origine slovena, sud Tirolese e italiana, oltre che Volksdeutsche Sud Tirolesi.

La struttura della divisione doveva essere la seguente:

SS Stab Kompanie (compagnia comando)
Waffen-Gebirgs-(Karstjäger)-Regiment der SS 59 (59° reggimento da montagna SS)
Waffen-Gebirgs-(Karstjäger)-Regiment der SS 60 (60° reggimento da montagna SS)
Waffen-Gebirgs-Artillerie-Regiment 24 (24° reggimento artiglieria da montagna SS)
SS-Panzer-kompanie (compagnia corazzata SS)
SS-Panzerjäger Bataillon 24 (24° battaglione anticarro SS)
SS-Gebirgs-Sanitäts-Kompanie 24 (24° battaglione di sanità delle SS)
SS-Gebirgs-Nachrichten-Kompanie 24 (24° battaglione trasmissioni e segnalazioni delle SS)
SS-Gebirgs-Pionier-Kompanie 24 (24° battaglione del genio SS)

I due reggimenti di Gebirgsjäger erano strutturati su tre battaglioni mentre il reggimento d'artiglieria aveva, invece, quattro battaglioni.

La nuova unità aveva peculiarità uniche per una divisione da montagna tedesca, disponendo di equipaggiamenti realizzati appositamente per i Karstjäger come i carri armati italiani P 40, il miglior mezzo corazzato mai realizzato dalle industrie italiane. In realtà la realizzazione di questo carro fu tardiva, risalendo alla metà del 1943, solo un carro armato venne completato per l'esercito italiano prima dell'armistizio. Successivamente la produzione continuò, vista la validità del progetto, e, a beneficiarne furono soprattutto i Karstjäger che, in ottobre del 1944, poterono schierare dai 20 ai 22 P 40 presso la compagnia corazzata della divisione di stanza a Cividale. Altri quindici P.40 furono schierati dalla 10° Polizei-Panzer-Kompanie, di stanza a San Michele (Verona), e altri tredici P 40 trovarono servizio nella 15° Polizei-Panzer-Kompanie posizionata a Novara. Il P 40 era un carro armato medio di 26 tonnellate con un equipaggio di 4 persone e un cannone da 75 mm, il raggio d'azione era di circa 150 chilometri e aveva uno spessore massimo della corazzatura di 60 millimetri. Il P 40 era un carro efficiente e

▲ L'SS-Obersturmführer Helmut Prasch, Karstjäger detentore della Bandekampfazbzeichen in oro.

▲ Helmut Prasch con la moglie. Sono evidenti le numerose decorazioni dell'ufficiale dell'SS austriaco con la Bandekampfazbzeichen in oro in primo piano.

▲ Primo piano dell'ufficiale dei Karstjäger bendato che viene portato a parlamentare con gli inglesi. Si noti la presenza della pistola così come delle numerose decorazioni tra cui la Bandekampfazbzeichen.

▲ Lo stesso ufficiale impegnato in colloqui tra tedeschi e inglesi alla fine della guerra.

▲ P 40 distrutto da due Sherman inglesi poco prima della fine delle ostilità, poco a nord di Udine, presso il borgo di Ospedaletto. I due soldati inglesi seduti sullo scafo del carro tedesco mostrano il punto, su una cresta, da dove i carri armati inglesi hanno sparato e colpito il P 40 dove si trovano seduti.

▼ Un'altra immagine del P 40 "111" delle SS distrutto dai carri armati inglesi a Ospedaletto, sono ben visibili i colpi incassati dal carro.

▲ Carro armato dei Karstjäger abbandonato durante la ritirata in Carinzia, presso il villaggio austriaco di Hermagor, tra l'8 e il 10 maggio 1945. Notare la caratteristica colorazione mimetica tipica dei mezzi corazzati italiani. Il numero impresso sulla torretta, forse in rosso, era il 121.

▼ P 40 appartenente ai Karstjäger (numero 111) colpito dall'azione nemica e distrutto a Ospedaletto da uno Sherman, lungo la strada "Pontebbana". Si notano almeno sei fori delle granate che hanno centrato il carro armato incendiandolo e mettendolo fuori combattimento.

▲ Ufficiali inglesi studiano le carte sopra i resti di un P 40 dei Karstjäger distrutto.

▲ P 40 abbandonato dai carristi della Polizei-Panzer-Kp.15 alla fine della guerra in Italia settentrionale.

▼ Carro P 40 dei Karstjäger colpito dagli inglesi presso Godia (Udine) e abbandonato in un fossato.

poteva essere paragonato, come prestazioni, al carro armato tedesco Pzkfw IV, anche se aveva il difetto di non avere il supporto di una cupola per il capocarro. In ogni caso il P 40 sarà di grande utilità nella lotta contro i partigiani che, nelle loro memorie, veniva denominato come carro armato pesante "Tigre", scambiandolo per il ben più potente carro armato tedesco Pzkfw VI "Tigre".

Oltre ai carri armati si aggiungevano 6 cannoni da montagna da 75 mm, 4 cannoni di fanteria da 45 mm e 24 mortai da 81 mm.

Se i carri P 40 erano utili nel presidio e nel controllo delle valli, i cani lupo erano indispensabili nei rastrellamenti e nell'individuazione dei covi dei partigiani. I cani lupo erano già impiegati all'interno del Karstwehr Bataillon in una piccola unità cinofila che venne implementato alla formazione della divisione con squadre distaccate di cani lupo con i loro istruttori, che provenivano dalla 4° SS Feldhundestaffel, di stanza a Udine e dipendente dalla Hundestaffel Ost-Mitte delle Waffen SS. Le squadre cinofile operavano alle dipendenze della Stab Kompanie della 24° divisione SS che li impiegava nelle varie operazioni di rastrellamento. I cani lupo erano addestrati alla guerra e al collegamento tra reparti, così come il traino di slitte con o senza ruote, disponendo di una piastrina di riconoscimento del tutto simile a quella dei loro camerati umani, con le indicazioni del reparto e la matricola. Uno di questi cani, chiamato Attus, era così abile nello scovare i nascondigli dei partigiani che gli venne appioppata, dai partigiani stessi, una taglia di ben 50.000 lire di allora per la sua cattura o uccisione.

Queste peculiarità rendevano i Karstjäger particolarmente temibili nella lotta alla guerriglia partigiana.

In realtà l'organigramma della divisione non venne mai completato a causa della scarsità degli effettivi disponibili per raggiungere l'organico di una divisione. Solo il 59° reggimento da montagna venne formato, così come si ebbe un solo battaglione del reggimento d'artiglieria, il battaglione del genio reclutò un'unica compagnia mentre, la compagnia panzer, aveva solo la metà dell'organico previsto.

A causa di questa penuria di organici, a dicembre del 1944, il battaglione venne ridefinito come brigata: la Karstjäger Brigade, con circa 3000 soldati effettivi.

L'afflusso di nuove reclute, nell'inverno del 1945, portò i Karstjäger ad essere di nuovo rinominati come divisione: la 24° Waffen-Gebirgs-Division SS, quando, a febbraio, gli organici raggiunsero la cifra di 5563 uomini, nella prospettiva di completare l'organigramma previsto per la divisione, cosa che non accadrà mai per la conclusione della guerra in primavera.

Dato che la maggioranza delle reclute provenivano dalla zona dell'OZAK, la compagnia di deposito e complementi, l'SS-Ersatz-Kompanie, venne trasferita da Pottenstein, dove aveva ancora sede, a Gradisca e, successivamente, a Cividale.

A dicembre del 1944, il comandante dei "Cacciatori del Carso", era l'SS-Obersturmbannführer Karl Marx che già nello stesso mese veniva sostituito dall'SS-Sturmbannführer Werner Hahn, rimasto in carica fino a febbraio, quando con la denominazione a divisione, venne a sua volta sostituito dall'SS-Oberführer Adolf Wagner che rimase alla guida dei Karstjäger fino al termine delle ostilità.

▲ P 40 in addestramento presso Cividale, tiene una dimostrazione davanti a un gruppo di Karstjäger allineati sulla sinistra.

▼ P 40 impegnato in una operazione contro i partigiani nel marzo del 1945 presso il Monte Santo.

▲ Immagini con un P 40 in azione durante la stessa operazione.

▼ In primo piano tre comandanti di plotone della compagnia pesante della 24° divisione SS, si tratta dell'SS-Oberscharfuhrer Cavagna, SS-Unterscharfuhrer Dufke e dell'SS-Unterscharfuhrer Walter, tutti tedeschi.

▲ Carro armato italiano medio P 40, mezzo molto usato dalla 24° divisione SS.

▼ P 40 sul cui scafo mostra 4 colpi di granate che lo hanno distrutto. Si tratta, probabilmente, di un carro di una divisione della Polizei.

Le ultime operazioni

Il periodo di riorganizzazione in divisione venne eseguito nell'area tra Malborghetto e Tolmezzo, senza che i Karstjäger fossero impiegati in particolari operazioni contro i partigiani, anche se le SS dovettero subire alcune imboscate, come quella avvenuta il 18 luglio contro tre camion con 48 uomini della 1° compagnia diretta a Tolmezzo che venne attaccata presso il ponte di Noiaris dai partigiani italiani nascosti sul ciglio della strada che lanciarono diverse bombe a mano accompagnate dal tiro di armi automatiche. Molti furono i feriti tra le SS ma, la loro pronta reazione, mise in fuga gli assalitori uccidendone due e recuperando un importante bottino tra cui la cassa con il denaro della brigata garibaldina. L'imboscata scatenò una rappresaglia che venne effettuata con una certa astuzia, con 23 soldati delle SS, italiani e tedeschi, e della "Brandeburgo", quest'ultimo reparto specializzato in operazioni sotto copertura e infiltrazioni, che si travestirono da partigiani jugoslavi, che, il 21 luglio, attraversarono i sentieri di montagna a sud della Carinzia, uccidendo sul posto chiunque fraternizzasse con i finti partigiani scambiandoli, inavvertitamente, per veri guerriglieri.

Tra dicembre e febbraio i Karstjäger vennero impiegati a presidio delle coste dell'alto Adriatico tra Lignano e Cervignano, mentre le reclute andavano a completare il loro addestramento e il numero degli effettivi saliva, tanto che, in aprile, alla fine del conflitto, si avvicinava alle 8000 unità.

Tra marzo e aprile, la 24° divisione SS, partecipò ad un'ultima grande azione contro il IX Corpo jugoslavo nella foresta di Tarnova in Slovenia.

La guerra volgeva, ormai, al termine, con gli inglesi dell'Ottava armata che, a metà aprile, avevano sfondato la linee della Gotica e risalivano verso l'alto Adriatico. Per difendere il passo del Tarvisio dall'attacco degli Alleati venne formato a fine aprile il Kampfgruppe Harmel dal nome del suo comandante, il SS-Brigadeführer Heinz Harmel, il cui nucleo era formato dalla divisione dei Karstjäger. Per i tedeschi vi era ancora l'idea di realizzare il ridotto alpino dove difendere il loro territorio metropolitano sfruttando l'ostacolo naturale delle Alpi. Questa linea fortificata, nel Nord Est, sfruttava le vecchie fortificazioni della passata guerra mondiale, venendo chiamata "Blau Linie" realizzata dall'organizzazione Todt a cui partecipò anche un battaglione di geologi delle SS, l'SS Wehrgeologen-Batailon 500, formato da specialisti della materia. In realtà, nell'aprile del 1945, le opere fortificate erano in gran parte incomplete e prive di armamenti difensivi.

Con l'avanzata degli inglesi, le formazioni partigiane, divennero particolarmente attive occupando i paesi e le città, disponendo posti di blocco per rallentare i movimenti dei tedeschi in ritirata. Il 28 aprile i P 40 delle SS respinsero un attacco partigiano su Cividale supportato da 5 carri armati leggeri italiano L 3 (forse L 6/40), catturati al Gruppo San Giusto qualche giorno prima. Il primo maggio, Cividale, venne, infine, occupato dai partigiani della Osoppo, che scacciarono, senza combattere, i 200 soldati delle SS della guarnigione, mentre, intorno a mezzogiorno, i carri P 40 della Karstjäger fermi nelle vicinanze del cimitero cittadino, vennero bersagliati da armi controcarro posizionate in bunker sul monte Dei Bovi, colpendo diversi carri armati che si dovettero ritirare verso Udine lasciando almeno un P 40 in fiamme su un lato della strada.

---

7 Il battaglione era una unità originariamente della Wehrmacht, formato da volontari, alle dipendenze del servizio controspionaggio e informazioni tedesco, ricoprendo un ruolo simile a quello dei commando inglesi. Nel settembre del 1944 l'organico venne ampliato a divisione Panzergrenadier, snaturandone le finalità.

Consapevoli della situazione ormai senza speranza, i Karstjäger, chiesero agli inglesi di poter continuare la guerra contro le armate comuniste jugoslave per impedirne l'ingresso in Carinzia. La proposta non poteva essere ovviamente accolta dagli inglesi che continuarono l'avanzata verso i confini tra Slovenia e Italia. Proprio in queste zone ebbero luogo gli unici scontro che i Karstjäger ebbero contro un esercito regolare.

Nel pomeriggio dello stesso primo maggio, verso le ore 15.00, una colonna in ritirata della compagnia corazzata dei Karstjäger, con 12 carri armati P 40 e diversi camion carichi di SS, provenienti da Cividale, era fermo vicino a Salt, appena superato il ponte sul torrente Torre, presso il villaggio di Godia, i partigiani chiesero l'intervento delle forze alleate, che erano appena entrate a Udine. Questi giunsero due ore dopo con un plotone anticarro equipaggiato con pezzi da 6 libbre di cui un solo pezzo riuscì a essere messo in batteria. In mezz'ora di duro combattimento contro la colonna fu distrutto un carro armato mentre, il resto della colonna tedesca, fu in grado di oltrepassare il torrente e proseguire la ritirata verso nord.

Dopo la battaglia, mentre stavano ispezionando il P 40 colpito e caduto in una fossa, due soldati britannici, sentirono dei lamenti dall'interno del carro armato; con difficoltà riuscirono a entrare nel mezzo corazzato, dove un membro dell'equipaggio era ancora vivo. Questo, invece di accettare l'aiuto che i due inglesi volevano offrirgli, sparò con la pistola ferendo gravemente i due soldati inglesi prima di essere ucciso.

A nord di Udine (nei pressi del borgo di Ospedaletto posizionato lungo il fiume Tagliamento) vi furono altri scontri con la compagnia carri dei Karstjäger che non aveva intenzione di arrendersi, nonostante vi fossero intavolate delle trattative, quando, due carri armati Sherman, si inerpicarono su una linea di cresta notando alcuni veicoli tedeschi che tentavano di fuggire, appoggiati da alcuni P 40. Vedendo questo, gli inglesi aprirono il fuoco sui due P40 sotto di loro, mettendoli fuori combattimento.

La 24° divisione continuò a combattere, principalmente contro i partigiani jugoslavi, cercando, per quanto possibile, di evitare di scontrarsi contro gli inglesi dell'Ottava armata cercando di ritirarsi in Austria. L'intento era quello di sbarrare la strada per la Carinzia ai comunisti titini ed evitare drammatiche conseguenze per la popolazione civile del posto. La resa del Reich agli Alleati, sottoscritta il 7 maggio, vide i Karstjäger ancora armati e combattere lungo i passi della Bassa Carinzia nell'intento di difendere il passo di Tarvisio contro i partigiani in quello che era considerato il "Ridotto Alpino", l'Alpenfestung, costituito da trincee e posizioni fisse in montagna. Solo il 9 maggio, la divisione, si arrese alle forze armate statunitensi in Austria e alla 6° divisione corazzata inglese che proveniva da sud, mettendo fine alla breve storia di questa peculiare divisione da montagna delle SS. I Karstjäger furono una delle ultime unità tedesche a cedere le armi in Europa.

▲ Fascetta da polso della divisione.

▼ Insegna divisionale della 24ª Waffen-Gebirgs-Division SS "Karstjäger"

Organigrammi

Denominazioni dei reparti dei Karstjäger

SS-Karstwehr-Bataillon (1942 fino ad agosto 1944)
24° Waffen-Gebirgs-Division der SS "Karstjäger" (agosto 1944 fino al 5 dicembre 1944)
Waffen-Gebirgs-(Karstjäger)-Brigade (dal 6 dicembre 1944 fino al 10 febbraio 1945)
24° Waffen-Gebirgs-(Karstjäger-) Division der SS (dall'11 febbraio 1945 fino a maggio 1945)

Divisionskommandeure (Comandante di divisione)

SS-Obersturmbannführer Karl Marx da dicembre 1944
SS-Sturmbannführer Werner Hahn da dicembre 1944 al febbraio 1945)
SS-Oberführer Adolf Wagner da febbraio a maggio 1945

Area di operazioni

1943
Agosto - Tarvisio - Italia
Settembre – Novembre, Alto Isonzo (valle di Soca) - Slovenia
Novembre -Dicembre, Operazione Treufe (valle di Baca) - Slovenia
Dicembre, Operazione Blumendraht (Gorizia -Trieste) – Slovenia -Italia

1944
Febbraio, Operazione Ratte (area di Komen e di Rihemberk) - Slovenia
Marzo, Operazioni Zypresse, Märzveilchen, Maulwurf, Hellblau, Dachstein, (tutte nell'area di Gorizia) - Slovenia
Aprile, Operazione Osterglocke (Istria) – Slovenia - Croazia
Aprile – Maggio, Operazione Braunschweig
Maggio – Luglio, Operazione Liane e Annemarie (intorno a Idrija) - Slovenia
Settembre – Dicembre, riorganizzazione (aree di Malborghetto e Tolmezzo) - Italia
Dicembre - Febbraio 1945, difesa zone costiere (aree di Lignano e Cervignano) - Italia

1945
Marzo – Aprile, offensiva contro il IX Corpo (foresta di Tarnova) - Slovenia
Aprile – Maggio, scontri di confine tra Italia, Slovenia e Austria

Conclusioni

La 16° SS Panzergrenadierdivision "Reichsführer-SS" fece parte di quelle divisioni minori delle Waffen SS (SS combattenti) che contribuirono a consolidare la leggenda nera delle SS in generale che per la "Reichsführer" si concretizzò proprio a causa delle molte rappresaglie di cui, i suoi soldati, furono responsabili sull'Appennino durante la campagna d'Italia.
Nei due anni scarsi di esistenza, la divisione, fu coinvolta in sole due importanti azioni di guerra: la ritirata in Toscana tra giugno e luglio del 1944 e l'offensiva primaverile del 1945. Sarà

soprattutto in Toscana che le SS daranno dimostrazione di essere all'altezza di una situazione molto difficile, riuscendo a contenere le preponderanti forze avversarie senza trasformare la ritirata in rotta, questo con la maggioranza dei soldati privi di una vera esperienza di combattimento, a parte un importante nucleo di ufficiali e sottufficiali veterani di tante tante battaglie su tutti i fronti.

L'impegno della divisione e il valore dei suoi uomini si può forse giudicare in base ai riconoscimenti ottenuti. Un solo soldato della divisione "Reichsführer" ottenne l'ambita decorazione della Ritterkreuz, la Croce di Cavaliere[8], importante parametro per valutare il valore combattivo dei reparti tedeschi. La divisione "Hitlerjugend", formatasi nel 1944, ottenne ben 15 Croci di Cavaliere grazie alla sua partecipazione alla campagna di Normandia, mentre la 17° SS Panzergrenadierdivision "Götz von Berlichingen", anch'essa mobilitata nel 1944 e che fu impiegata in Normandia, ebbe solo quattro dei suoi componenti decorati di Croce di Cavaliere.

Altri importanti riconoscimenti alla divisione furono le 8 Croci Tedesche in oro.

La "Reichsführer" venne impegnata su fronti secondari, spesso con organici e materiali ridotti che impedirono all'unità di ottenere riconoscimenti maggiori nel corso della sua breve esistenza. Nonostante questo, i soldati politicizzati della divisione, ebbero modo di distinguersi per il loro fanatismo e fedeltà alla causa nazionalsocialista, ottenendo la fama di soldati più spietati di tutta la campagna d'Italia.

I Karstjäger furono, sicuramente, tra le unità dell'esercito tedesco più di successo nella lotta alla guerriglia partigiana effettuata in una zona di montagna che ben si prestava alle azioni di una guerra guerreggiata, fatta di imboscate e colpi di mano da parte di piccole e agguerrite bande. I Karstjäger si confrontarono anche in campo aperto con le formazioni dell'esercito di Tito, soprattutto tra il 1943 e il 1944, dopo che i partigiani jugoslavi avevano saccheggiato i depositi d'armi italiani, strutturandosi in un esercito ben organizzato e numeroso che ben conosceva il territorio, nonostante questo, i soldati tedeschi della Wehrmacht e delle SS, anche se in inferiorità numerica, riuscirono a sconfiggerli e riprendere possesso del territorio, costringendo i partigiani a ritornare a far ricorso alle azioni di guerriglia tra le valli e le montagne della Slovenia e della Venezia Giulia, sempre contrastati da continue operazioni e rastrellamenti.

Il valore della divisione viene ben indicato dal numero delle Bandekampfazbzeichen distribuite alla divisione che non ebbe uguali tra tutte le unità combattenti tedesche. Le Bandekampfazbzeichen in oro conferite a soldati della 24° divisione SS furono ben 10, 8 quelle in argento e 4 in bronzo, contro, ad esempio, le 8 Bandekampfazbzeichen in bronzo conferite a soldati della SS-Pol.- Rgt. "Schlanders", unità impiegata nella stessa zona dei Karstjäger, occupante il secondo posto nell'ottenimento di questo riconoscimento nell'esercito tedesco.

I Karstjäger si dimostrarono, così, come la migliore unità antiguerriglia di tutta la Seconda guerra mondiale le cui modalità operative divennero un importante modello per gli eserciti futuri impegnati nella guerra guerreggiata.

---

8 Questi fu Karl Gesele.

Gerarchia e gradi delle SS

Mannschaften　　　　　truppa e graduati

SS-Bewerber　allievo militare
SS-Anwärter　allievo ufficiale
SS-Mann　soldato semplice
SS-Grenadierschüze　soldato semplice 2°classe
SS-Oberschüze soldato semplice 1° classe
SS-Sturmann　caporale
SS-Rottenführer　　caporalmaggiore

Unterführer　　　　　　sottufficiali

SS-Unterscharführer　sergente
SS-Scharführer sergente maggiore
SS-Oberscharführer　maresciallo
SS-Hauptscharführer　maresciallo maggiore 2° classe
SS-Sturmscharführer　maresciallo maggiore 1° classe

Untere Führer ufficiali inferiori

SS-Untersturmführer　sottotenente
SS-Obersturmführer　tenente
SS-Hauptsturmführer　capitano

Mittlere Führer　　ufficiali superiori

SS-Sturmbannführer　maggiore
SS-Obersturmbannführer　tenente colonnello

Höhere Führer ufficiali generali

SS-Standartenführer　colonnello
SS-Oberführer colonnello brigadiere
SS-Brigadeführer　generale di brigata
SS-Gruppenführer　generale di divisione
SS-Obergruppenführer　　generale di corpo d'armata
SS-Oberst-Gruppenführer　generale d'armata
Reichführer-SS　　comandante in capo

▲ Karstjäger impegnati nei combattimenti contro i partigiani.

▼ Karstjäger si arrampica su una parete rocciosa.

▲ Arrampicata su un cammino durante un'esercitazione.

▲ Cavità carsiche

▲ Forra carsica. All'interno si nota un soldato delle SS.

▲ Foto di un reparto da montagna delle SS in addestramento alpino sulle Alpi.

▲ Karstjäger marciano cantando

▼ La caserma training delle SS-Freiwilligen-Karstwehr Battalion situato a Pottenstein, in Baviera

▲ Cartolina celebrativa caserma addestramento SS-Karstwehr-Bataillons in Pottenstein

▼► Caserme-capanne a Pottenstein

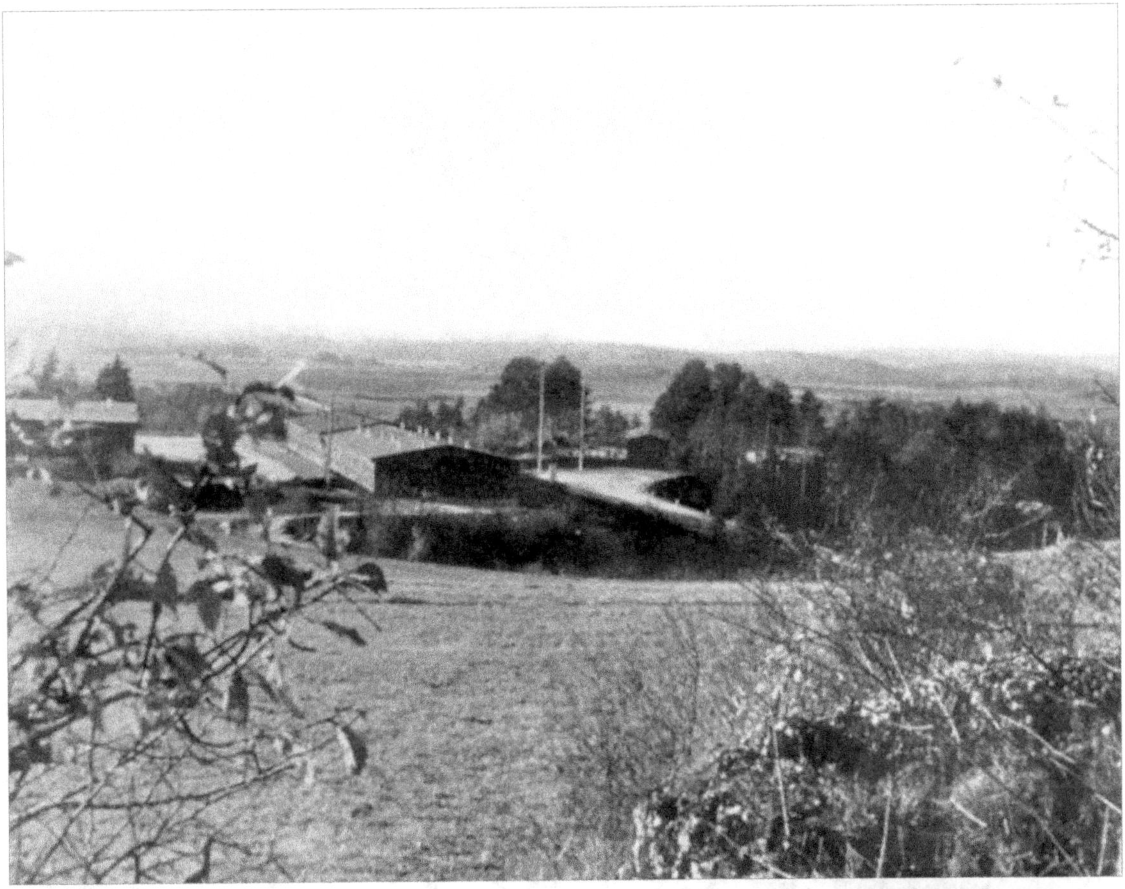

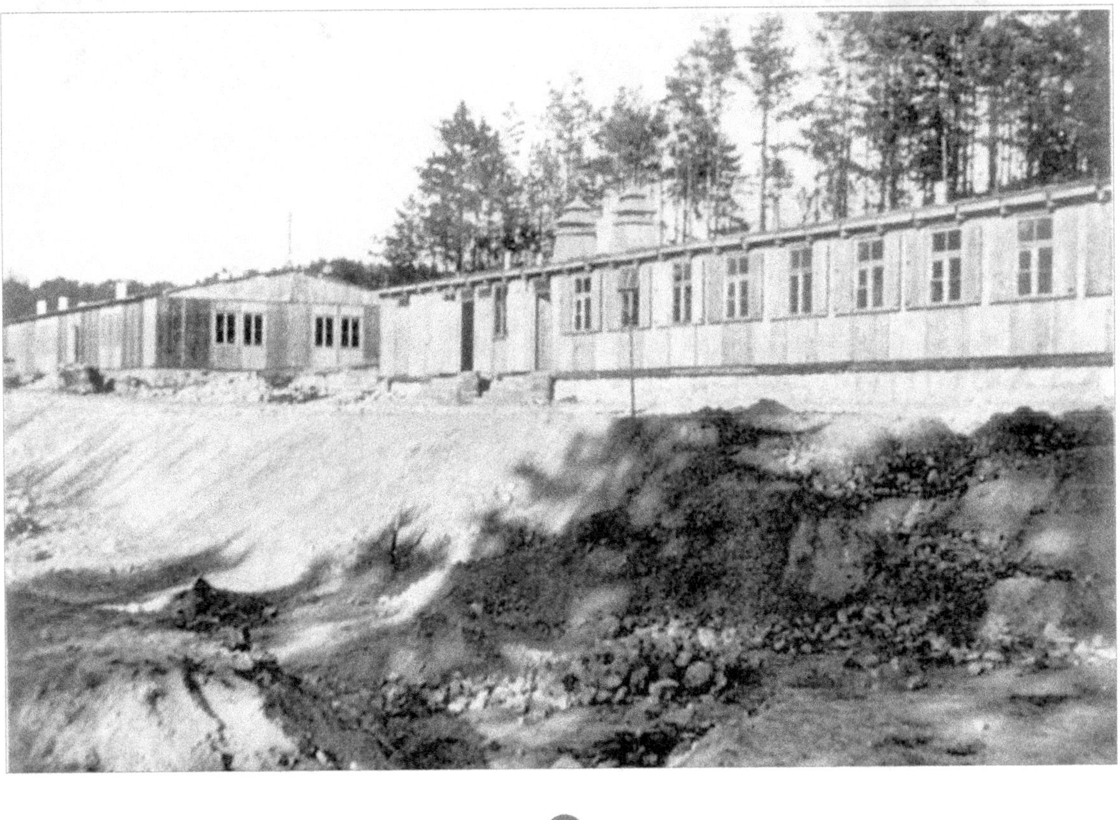

▲ Ufficiale Waffen-SS in tenuta mimetica

▼ Marcia fra i monti degli jager

▲ Gruppo ufficiali della divisione

▼ Soldati in caserma dello Slovenia SS Foreign Volunteers and Conscripts

▲ Karstjäger in perlustrazione

▲ Karstjäger in perlustrazione

▲ Adolf Wagner terzo comandante della divisione mentre passa in rassegna alcune sue truppe

▼ Karstjäger in addestramento nel Tirolo

▲ La Pz.Kp. della 24. Waffen-Gebirgs (Karstjäger)-Division der SS aveva sede alla caserma "Principe Umberto" (o caserma "Principe di Piemonte"), oltre il Ponte Nuovo sul Natisone a Cividale

▼ Uomini del 9° Waffen Gebirgsjäger Regiment, uno dei reparti della 24th SS Mountain

▲ Elementi della Divisione delle Waffen-SS "Karstjäger" decapitano con brutale criminalità un partigiano slavo a Idrijske Krnice il giorno 11 giugno 1944.

▼ Resa di soldati e ufficiali della 24° agli inglesi

▲ Colletto karstjäger

▼ Piatto inciso appartenente al SS-Sturmbannführer Werner Hahn già comandante della divisione dal Dicembre 1944 al Febbraio 1945

BIBLIOGRAFIA

- G. Williamson, *Storia illustrata delle SS*, Newton e Compton editori
- G. Gigli, *La seconda guerra mondiale*, Lucio Pugliese editore
- F. Duprat, *Le campagne militari delle Waffen SS*, Ritter editore
- Gorge H. Stein, *Hitlers Elite Guard at war, 1939-45*, Paperback
- Robin Lumsden, *La vera storia delle SS*, Newton e Compton editori
- Sergio Corbatti, Marco Nava, *Sentire Pensare Volere: Storia Della Legione SS Italiana*, Ritter, Milano, 2001.
- Gordon Williamson, *The Waffen SS (3) 11 – 23 divisions*, Osprey Publisching, 2004.
- Gordon Williamson, *The Waffen SS (4) 24 – 38 divisions*, Osprey Publisching, 2004.
- M. Afiero, Waffen SS in guerra, *Volume IV: Battaglie e campagne dimenticate*, Associazione Culturale Ritterkreuz, 2012.
- G. Barsotti, *Pisa sulla linea del fuoco: luglio-agosto 1944*, Ritterkreuz numero 45/46, 2016.
- S. Corbatti, *La Reichsführer SS sul fiume Senio*, Ritterkreuz numero 5, 2009.
- A. Peruffo, *I soldati della divisione testa di morto*, Soldiershop edizioni, Bergamo, 2016.
- Sergio Corbatti, Marco Nava, *Karstjäger!*, Heimdal, 2010
- Sergio Corbatti, Marco Nava, *Karstjager! Guerriglia e Controgueriglia nell'OZAK 1943/45*, Associazione MADM, 2005.
- N.Pignato "*P40*", Albertelli-Storia Militare Parma 2009.
- Luca Valente, *I geologi di Himmler. L'SS-Wehrgeologen-Bataillon 500 tra Veneto e Trentino*, Cierre Edizioni, 2008.

TITOLI GIÀ PUBBLICATI
TITLES ALREADY PUBLISHING

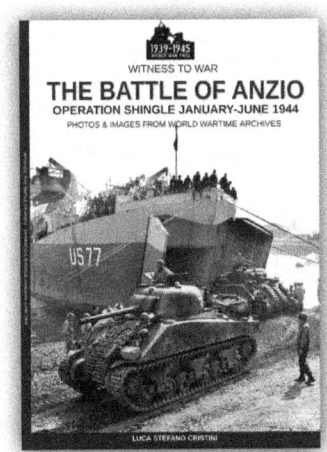

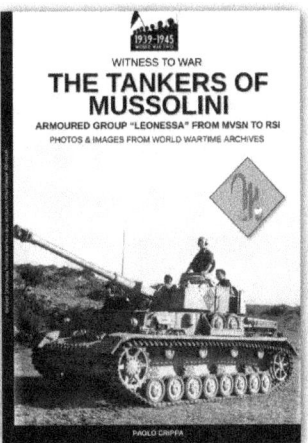
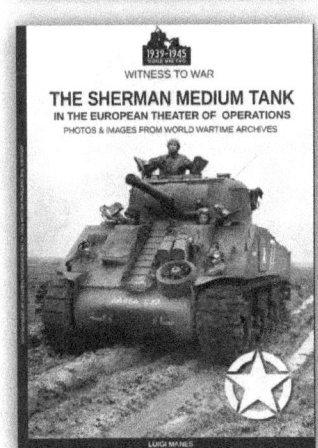

www.ingramcontent.com/pod-product-compliance
Lightning Source LLC
LaVergne TN
LVHW081544070526
838199LV00057B/3774